Complete Family Wealth

Wealth as Well-Being

(Second Edition)

超越家族财富

从拥有财富到获得幸福

（原书第二版）

【美】小詹姆斯·E. 休斯
（James E. Hughes, Jr.）

【美】苏珊·E. 马森奇奥
（Susan E. Massenzio） ◎ 著

【美】基斯·惠特克
（Keith Whitaker）

任瑞柳 ◎ 译
刘宇　李达　钱玉 ◎ 审校

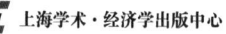

图书在版编目(CIP)数据

超越家族财富:从拥有财富到获得幸福:原书第二版/(美)小詹姆斯·E.休斯(James E. Hughes,Jr.),(美)苏珊·E.马森奇奥(Susan E. Massenzio),(美)基斯·惠特克(Keith Whitaker)著;任瑞柳译.—上海:上海财经大学出版社,2024.5

书名原文:Complete Family Wealth:Wealth as Well-Being (Second Edition)

ISBN 978-7-5642-3777-6/F·3777

Ⅰ.①超… Ⅱ.①小…②苏…③基…④任… Ⅲ.①家族-私营企业-企业管理-研究 Ⅳ.①F276.5

中国版本图书馆 CIP 数据核字(2022)第 221473 号

□ 责任编辑　陈　佶
□ 封面设计　贺加贝

超 越 家 族 财 富
—— 从拥有财富到获得幸福
(原书第二版)

[美] 小詹姆斯·E.休斯
　　　(James E. Hughes,Jr.)
[美] 苏珊·E.马森奇奥　　　著
　　　(Susan E. Massenzio)
[美] 基斯·惠特克
　　　(Keith Whitaker)

任瑞柳　　　译

刘宇　李达　钱玉　审校

上海财经大学出版社出版发行
(上海市中山北一路 369 号　邮编 200083)
网　　址:http://www.sufep.com
电子邮箱:webmaster@sufep.com
全国新华书店经销
上海叶大印务发展有限公司印刷装订
2024 年 5 月第 1 版　2024 年 5 月第 1 次印刷

787mm×1092mm　1/16　13.5 印张(插页:2)　194 千字
定价:78.00 元

图字:09-2023-1120 号

Complete Family Wealth
Wealth as Well-Being
Second Edition
James E. Hughes, Susan E. Massenzio, Keith Whitaker

Copyright © 2022 by James E. Hughes, Susan E. Massenzio, and Keith Whitaker.

All Rights Reserved. This translation published under license with the original publisher John Wiley & Sons, Inc.

No part of this publication may be reproduced, stored in a retrieval system or transmitted in any form or by any means, electronic, mechanical, photocopying, recording, scanning or otherwise, except as permitted under Sections 107 or 108 of the 1976 United States Copyright Act, without the prior written permission of the Publisher.

Copies of this book sold without a Wiley sticker on the cover are unauthorized and illegal.

本书简体中文字版专有翻译出版权由 John Wiley & Sons, Inc. 公司授予上海财经大学出版社。未经许可,不得以任何手段和形式复制或抄袭本书内容。
本书封底贴有 Wiley 防伪标签,无标签者不得销售。

2024 年中文版专有出版权属上海财经大学出版社
版权所有　翻版必究

感谢我的父亲,詹姆斯·E. 休斯,

一位出色的家族顾问,

我所认识的最智慧的人;

感谢我的母亲,伊丽莎白·索菲·布尔曼·休斯,

她让我懂得了家是什么,

她也让这个家不断发展壮大;

感谢我的搭档安妮·安德里亚,

她帮助我在 32 年的合作中保持清醒的头脑,

我对她的帮助感激不尽;

感谢我的生活和学习伴侣杰奎琳·梅里尔,

她与我始终相伴而行。

——小詹姆斯·E. 休斯

感谢我的母亲维奥拉,她让我懂得什么是值得度过的人生。谢谢您。

——苏珊·E. 马森奇奥

感谢我的家人、我的朋友、我亲爱的伴侣——他们是我全部的财富。

——基斯·惠特克

什么是容易的事情？给别人建议。
什么是困难的事情？了解你自己。

——泰勒斯(Thales)，历史上著名的哲学家

目　录

第二版序言/1

第一版序言/1

推荐序（一）/1

推荐序（二）/1

推荐序（三）/1

引言：一份邀请函/1

第一部分

第一章　完整的财富/9

第二章　家族企业/19

第三章　原则/31

第二部分

第四章　崛起的新生代/35

第五章　大揭秘/45

第六章　父母/54

第七章　配偶/62

第八章　长者/68

第九章　受托人和受益人/73

第十章　顾问/86

第十一章　朋友/93

第三部分

第十二章　品格/99

第十三章　工作/103

第十四章　与子女谈论财富/108

第十五章　婚前协议/115

第十六章　着手启动/121

第十七章　家族会议/124

第十八章　家族故事和仪式/135

第十九章　家族使命宣言/139

第二十章　家族治理/144

第二十一章　财富资本/151

第二十二章　保护家族度假屋/159

第二十三章　家族慈善/162

结语:个体的繁荣/167

后记:未来?/173

附录一:受托人课程设置/177

附录二:挑战时期家族的关键实践/189

第二版序言

《超越家族财富》第二版包含了一些值得注意的变化。

我们更新了第一章对定性资本的讨论，以反映该领域的最新思想，它区分了五种类型的非金融财富：人力、传承、家族关系、架构和社会资本。在这一章中，我们还介绍了家族如何投资这种最重要的资本形式，并衡量此类投资的影响。

经过深思熟虑和与受益人的讨论，我们增加了一个新的章节，主题是"大揭秘"，即向受益人介绍他们所拥有的现在或未来的金融财富的时刻。这一时刻在父母的心中非常重要，但实际上，接下来发生的事情——逃跑、战斗、僵化或者蓬勃发展——所带来的结果完全不同。我们提供了关于如何提升最后一种可能性的建议。

在其他新增的内容中，因为有种情况经常出现，所以我们增加了一章关于如何保护心爱的家族度假屋的内容，并增加了两个附录：第一个详细介绍了"受托人课程设置"，适用于希望加强受托人和受益人的学习（和生活）的家族；第二个讨论了"挑战时期家族的关键实践"，这源于我们在新冠疫情期间与家族的合作，其课程适用于家族可能面临的任何挑战。

最后，也许是这一版最大的变化（也可能是最小的变化）：在书名和正文的关键位置中加入了"幸福"一词。我们长期以来一直认为从"财富"（wealth）一词的词源"weal"，即"幸福感"中学习是非常重要的。几十年来帮助家族的经验使我们相信，也许一个家族能够采取的最有益的步骤是将他们对财富的理解从拥有财富转移到获得幸福——我们所写的、所说的和所做的所有其他一切都源于这种意识下的重新定位。

第一版序言

这本书精选了我们之前几本书的精华：《家族财富》(*Family Wealth*, 1997, 2004)、《家族：几代人之间的契约》(*Family: The Compact Among Generations*, 2007)、《礼物的循环》(*Cycle of the Gift*, 2014)、《新生代之声》(*Voice of the Rising Generation*, 2015)和《家族信托》(*Family Trusts*, 2016)。它还涵盖了我们在数十篇文章、著作和博客文章中分享的见解，以及在向数百名观众的演讲中分享的观点。我们非常感激自己从众多评论者、受访者和活动参与者身上学到的一切。

《超越家族财富》的每一章都通过主题和概念与其他章节互相联系起来；每一章也可以单独阅读。请根据您和您家人最关心的主题，自由选择阅读。

在《超越家族财富》中，我们力求呈现持久的理念和实践。这些是我们能够看到的，在家族长期生活中产生有真正积极影响的见解和活动。

以下是其中一些持久的原则，这些原则在随后的章节中有更详细的阐述：

我们的目标不是通过仅仅把财富资本保留在家族中的方式，来打破"富不过三代"这句谚语。当然，财富资本很重要。但是对这句谚语的引用使许多读者认为我们之所以关注定性资本，仅仅是为了保护财富资本。但事实上恰恰相反。

虽然我们的主题是"家族"财富，但这种财富存在于每个家族成员的身上。他们之间的关系至关重要，但是关系的健康和家族的健康，取决于每个与之相关的家族成员是健康的。

尽管"治理"（共同决策）很重要，且有时被忽视，但过分强调治理最终会强加"形式"给家族，使其无法"运作"。有时候，顾问给家族提供一份家族宪章草案比帮助他们和睦相处更容易。但如果家族宪章草案被采纳，就应该服务于家族的和睦相处。

推荐序（一）

继《新生代之声》后，执允家族办公室团队把《超越家族财富》这本书引入国内。

这本书的英文名是 Complete Family Wealth: Wealth as Well-Being，团队在商议中文书名时，碰到了困难。如果是"完整的家族财富"，似乎这个名字并不能表达作者的写作深意，而且也很难引发读者们的兴趣。我们生怕一个普通的名字，让需要这本书的人错过。在多次讨论后，我们认为"超越家族财富——从拥有财富到获得幸福"，似乎更能表达作者想要让读者体会到的含义。

中国经历改革开放四十多年，特别是加入WTO后的二十年经济高速发展，中国积累了大量的财富。此时的第一代创业人已经步入六十岁甚至七十岁的年纪，在家族进行交接班准备的时候，中国经济也进入了转型期，这使得"家族传承"变得特别不容易。

所幸我们所看到的新生代都有着良好的高等教育素质和家族熏陶，怀有家族的责任感和目标感，愿意为父辈打下的成果和财富贡献自己的力量。只是中国处在第一次财富交接班的关口，大家没有特别成熟的传承方法论，所以只能"八仙过海，各显神通"，既要自己摸索，又需要专业机构的服务。

中国家族办公室服务的兴起，大概源于2010年后，一些先知先觉的专业机构设立了家族办公室部门，除了本业的银行、保险、信托、财富管理的产品和服务外，开始探讨"传承"这一话题，但似乎大多数停留在金融财富保护和传承的范畴内。这也是因为家族客户的状态还没有到真正整体传承的时刻，比如家族决策权、财富控制权和分配权，家族企业的管理权等如何安排，以及在这些"隐性"权力的传承中，两代人如何沟通、协商、决策、合作、治理，大家族与小家庭之间的责权利如何安排。

我们经过多年的学习和实践，发现小詹姆斯、苏珊和基斯三位作者合作出版的6本书籍，恰好能够为此时的中国家族传承提供经验与教训分享。作者把家族财富分为两大类：定量财富和定性财富。定量财富通常是我们所理解的金融资产和家族企业资产，而定性财富指的是家族精神和价值观、家族成员、成员之间的关系、资产保护的架构和规则、社会资源，也就是本书中将会探讨的家族传承资本、人力资本、关系资本、架构资本和社会资本。

在家族传承中，单纯解决定量资本的保护和传承，而忽视或者没有认知定性资本的存在和重要性，就失去了家族传承本身的意义。我们认为"财富"是为"人"服务的，如果财富不能够支持一代又一代人的成长和繁荣，那么财富也将失去存在的意义。家族财富管理和传承是一个系统性、整体性的工程，不是单一的金融财富或家族企业的传承。这也正是中欧商学院芮萌教授所发起的 Family Office Program（FOP）课程非常重要的初心，就是建立家族财富管理体系。我有幸曾跟随芮萌教授学习和实践，并在进入财富管理领域15年后，创立执允家族办公室，协助家族建立长期的治理机制和完整的财富运营管理体系。

每当和家族领袖交流，我第一个问题总会问："财富到底对你意味着什么？"令我感到惊奇而又暖心的是，答案通常来自精神层面："让我爱的人安心""有能力为周边人或团队承担更大的责任，传递更多的爱和价值""用以连接世界、探索世界的工具"等。在满足了创造欲、价值感后，财富得以积累，但家族领袖未来又该如何带领家族处理好人与财富的关系呢？企业家们也许需要静下心来思考：

- 财富对我意味着什么？
- 我需要照顾哪些人，照顾到什么程度？
- 我如何能够带给我的孩子更好的人生教育？
- 我是否应该让我的孩子自由选择人生？
- 是什么让我和我的家族与众不同？

- 在就我的企业、财富或家族做出决策时,我应该向谁寻求建议?
- 我希望看到哪些家族传承被保留下来?我们应该放下什么?我们又应该专注于什么?

家族的时空观要放在足够大的维度下,才能够夯实家族长久繁荣的根基。在空间上,家族要有全球性的视野,以安排家族成员的身份、架构、账户、财富进行全球化分散和配置。在时间上,一般而言,从短到长分别先是人,然后是家族企业,再长一点是管理得当的家族财富,最长的应该是家族文化和精神。因此,家族的时间应该是以"代"来衡量,一个家族做重要决策时往往应该以短期是20年,中期是50年,长期是100年以上来度量。足够大的时空观需要远见和耐心,而这正是家族得以"富过三代"的核心品质。

"眼看他起朱楼,眼看他宴宾客,眼看他楼塌了",仿佛是一个魔咒,总是不断地应验。要打破这个魔咒,其实是一场穿越周期之旅。生命、企业、市场、经济、历史等都处在周期之中,就像钟摆一样,从一个极端摆向另一个极端,循环往复,一刻不停。在周期中,我们就像蚂蚁一样,在短暂的一生中全神贯注于搬运面包屑,却无暇拓宽视野,以发现事物发展的宏观规律和周期、我们在周期中所处的位置,以及未来可能出现的情况。因此,带着周期观看家族,也就是要求我们学习更宏大的历史观、科学观和哲学观,这些更接近本质的认知才能引领着家族克服传承之旅中一个又一个风浪。

让我们再次回到书名——"超越家族财富——从拥有财富到获得幸福",我们引荐这本书,是希望能够引起读者的共鸣。在中国经济、企业和家族的共同转型期,我们深入探讨财富的本质、意义和传承方法论,从三位作者的智慧和分享中找到可供我们吸收的养分,帮助中国企业家实现财富传承的目标,从拥有财富到获得幸福。

执允家族办公室创始人
玄悟家族办公室联合发起人

刘 宇

推荐序（二）

这本书治好了我多年的自我内耗和自我怀疑。

正如这本书里所描写到的，每个家族都有一个重要人物，他是家族的核心，也是家族财富的缔造者，但这样一个重要人物其实正是家里的黑洞，因为在他耀眼的光芒之下，家族里其他人的想法和成绩都是微不足道的。

当我们提起家族资本，往往直接想到家族财富，对应的是家族的资产配置、资产大类、保值增值、收益回报等，仿佛除了钱就很难再关注别的了。确实，因为钱是一个定量的资本，太好衡量了。你可以根据这个资本类型画出变化的曲线，给出一系列投资建议、配置理论、各种分析报告等。但是我们也隐隐地感觉到，好像这并不是全部。因为要涉及传承，所以我们得重视教育，我们会很认真地去规划孩子的教育，并愿意在教育上付出巨大的精力和财力。然后，好像这些还不够，现在很多"创一代"都已经70多岁了，二代要面临接班了。可是二代多年来在一代强大的光环下，经常容易被否定，或者说二代的那一点点成绩，经常在一代的眼中是微不足道的。二代强烈的自我证明需求和内心力量的匮乏，又会让二代在接班过程中颤颤巍巍。

到了这里，我们仿佛有一种雾里看花的感觉，好像就只能走一步看一步。那么放眼世界，那些富裕了好多代的家族，他们有没有成熟的经验呢？他们有没有一些成熟的方法论可以传授给我们呢？有没有那么一张地图，可以让我们看到全景呢？

在和执允家办的咨询中，刘宇和钱玉向我讲解了家族资本的全景图，它不仅仅是家族财富这个定量资本,还有定性资本,比如传承资本(家族核心价值观和家族品牌)、家族关系资本、架构资本、社会资本、人力资本,这五大资本都是定性资本。

那句"我们家族一直很富足,有的时候我们也有点钱"很经典地阐释了定性资本和定量资本的区别。但是现在国内的机构把太多的精力都放在了定量资本,也就是财富管理上,以至于很多家族办公室包括信托公司最后都是推销理财产品的。

而事实上,真正在关注定性资本的家办,才是真正意义上的家办。因为关注定性资本的家办才是抓住了家族兴盛的核心。但是世人往往选择容易的事,用各种图表来展示财富的增长、配置的策略,这是一件多么简单、多么容易的事;而衡量家族里的每个人是否欣欣向荣、是否健康幸福,是一件多么复杂的事情。但是恰恰做难的事情,才能体现出稀缺性,因为当你深入家族成员内心世界的时候,你是很难被取代的。

家族兴盛的标准是什么?仅仅是财富传承?如果财富架构做好了,确保可以传三代,但每个人都是凋零的、没有生气的,所有人都是围着那个创始人转,创始人说什么就是什么,一切都以他的喜好为准,然后所有人都在啃老,这是家族兴盛吗?这不是,这只是慢性衰老,这个家族的衰落也是无法避免的。

可是我看到了很多的家族就是这样的,那个德高望重的财富缔造者,反倒成了家族的黑洞,吸收了所有人的活力,其他人的价值和成绩在他面前都变得无足轻重、微不足道。最后,二代就像是一个手里捧着金币的年轻人,站在绿洲里,但是不敢奔跑,更不敢骑马驰骋,生怕金币掉下来,慢慢地,他把自己固定在了那里,身边的绿洲一点点变成了荒漠,他虽然手捧着满满的金币,但是眼神中充满了惶恐。他不敢相信别人,怕别人是来骗他钱的;他不敢去尝试,怕会亏钱;他也不敢去争取,怕手里的这些金币会因为上一代的不认可而被收回。就这样,广阔的草原和他无关,飞驰的骏马也和他无关,而他原本是最有机会享受这一切的,只是因为金币,他被困在了原地。

我不希望大家有这样的困境，因为这样的困境是极度消耗人的，也是人力资本的巨大浪费。相当于家族的人力资本在巨量财富面前，都偃旗息鼓了，都提前凋零了，所有人都变得保守，甚至变得懒惰，而这绝不是真正意义上的家族兴盛。

我们是应该幸福的人，因为父母给了我们优渥的生活，我们通过自己的修行，做到了与父母的和解，对自我的接纳，这足够让我们有能力去面对世间任何的困境和压力；我们有时间有资源，可以好好看这个世界，可以有多维度的认知，甚至有机会再给我们的孩子一个精彩的人生。所以，我们要选择用自己的能力去经营自己幸福的生活！美好的家族是家族里每一个人都欣欣向荣（flourish），每个人都能找到他在家族里和家族外的价值。他有自己独立的人格和思维，而家族可以赋能他、帮助他，让他去做自己喜欢做的事，让他充分地绽放出生命力。

当你想清楚了这些后，我希望你仔细地读这本书。这本书就像有三位智者坐在你的对面，向你娓娓道来：在家族发展中可能遇到的困难，可以求助的人，可以使用的工具和方法，最终让家族的每一个人都健康幸福，每一个人的生命力都得到释放。

时间永远向前，家族需要有一代代优秀的人才能发展壮大。让家族里的每一个人都能成为家族壮大的力量，让家族的力量为每一个家族成员赋能，如此形成互惠互利的共赢局面，飞轮效应的出现，会让家族的衰落成为一个极小概率的事件。这是一个家族长久兴盛的密码，也是每一个家族的"创一代"所希望看到的。

何其幸运，执允家办引进了这本书，为国内的其他家办和众多家族的发展指明了方向。愿这本书能驱赶掉你我内心中长期笼罩着的阴霾，让家族的每一个成员都欣欣向荣、健康幸福！

一个穿透迷雾的小胖

推荐序（三）

从中国资管行业的发展史而言，改革开放确实为中国的资管机构输送了大量高净值与超高净值客户，然而在卖方资管的大背景下，如何真正站在客户立场，为其提供适合家族需求的资管服务，是长期困扰着家族办公室行业的问题。对于有着二十年家族资金主动管理经验的我而言，也是一个灵魂拷问。就像爱马仕的愿景是"定制你的梦想"，价值观是"纯正、传承、创新"，"如何成为一家拥有爱马仕品质的家族办公室"是我给自己的终极课题——既解决家族财富管理的问题，也从根本上解决家族人才培养的问题，让家族的财富可以生生不息、长长久久延续下去。

"超越家族财富——从拥有财富到获得幸福"提出，无论是财富抑或幸福，创造者和受益者都是家族的"人"，那么家族传承的核心也必定是人力资本的壮大与延续。刘宇作为中国家族办公室行业的先行者，他一步一步、扎扎实实地去探索建立中国家族办公室本土化的行业标准。相信这本新书能为读者带来对家族、财富、传承的新的理解和启发。

——小黑妞资产创始人、玄悟家族办公室创始人　高男

巴菲特说过，人生就像滚雪球，想要雪球变得越来越大，既要有足够多的雪，又要有足够长的坡道。本书让我们看到，对于家族而言，"足够多的雪"就是指要不断积累家族的六大资本，既要积极主动增长，又要防范风险侵蚀。而"足够长的坡道"，是指对家族的发展要用长期思维来思考和决策。家族不仅仅是一代人的事业，它更是跨代的传承和责任。家族的长远目标、核心价值观和家族文化都是这个"坡道"的重要组成部分。

每一代人都在为下一代积累和传承，而下一代则继续接过"接力棒"，使家族的"雪球"越滚越大，跨越代际。

——执允家族办公室合伙人　李达

本书中所提到的定量财富是手段、工具，真正的传承目标是家族的幸福和福祉，让我想起了自己的家族，重新去思考财富的定义。

就我的家族而言，父亲一方在贵州毕节属于名门望族，在《毕节县志》中曾有记载，每次听父辈们聊起家族的事，就像在听一部长篇历史小说。但让我印象更深刻的是我妈妈的家族，外婆外公总共养了九个子女，日子过得并不富裕，自我记事开始，每周日都要去外婆家吃晚饭。外公会提前几天拄着拐杖到菜场买菜，到那一天，三十多口人，老老小小，男人们侃着大山，女人们准备饭菜，孩子们三三两两嬉戏着。外婆永远笑容可掬，关心我们每个孩子吃得好不好？书读得怎么样？这些记忆刻在我的脑海里，仿佛发生在昨天，无比温暖。虽然外婆外公早已去世，但家族定期聚会的传统一直保留下来。2022年7月我回到昆明，家族五十多口人，开了一次大会。我们收集了近七十年来家族里上百张照片，大家一起回忆每一张背后的故事。我的大姨妈40岁那年不幸早逝，我的大姨父一直还参加家族的周末聚会，我的大表哥回忆起这么多年小姨们和舅舅们的关心热泪盈眶。最近的照片是新一代的孩子们出游，热闹极了。我想这记录时间和空间的照片，保存着家族的真诚和善良、家族成员们的相亲相爱，是我心中最宝贵的家族财富。

一代代人以"让家族延续"为目的进行家族财富传承确实不容易，因为延续意味着需要不断超越有限：有限的生命，有限的规则，有限的界限。但延续也是有可能的，因为价值观、文化会带给家族成员无限的力量。很感谢能看到这本书里提出了完整的财富理念，并谈到该如何做来实现完整财富的增长，这本书里有体系和方法论，期待每个家族都能找到属于自己的价值观，让更多的家族走向繁荣和延续。

——华氏信托执行董事　李华敏

《超越家族财富》这本书帮助我重新对家族财富形成了理解。书中给予了家族财富一个较为完整的定义,那就是家族财富应该包括人力、传承、家族关系、架构和社会资本五个方面的定性资本,以及家族的定量资本即财富资本。

每一个家族的创始一代创造并获得财富都是不易的,如何让这些有形的资产与无形的资本在未来的日子里持续发展并传承,是摆在每一个家族面前的难题。

我们已经知道,通过设立家办、成立信托、购买保险、定期开家族会议等一系列工具和方法,可以建立一套合理的顶层架构和制度来进行财富管理与传承。而作为创富一代,我们应该更多地去思考,最终希望留给下一代、下下一代的是什么。

财富的目标是为每一个现在和将来的家族成员带来幸福和福祉,我希望家族传承更多的是爱和家族精神。如果有一天我设立自己的信托,我会在开篇写下这样一段话:"这是一份爱的馈赠,我的目的是让受益人能幸福地生活。这更是一份责任的传递,我希望受益人感受到家族精神的延续。"

最后,我引用书中提到的欧洲山毛榉的故事说一句:不管这件事需要多久才能做好,从今天开始就对了。

——润馀家办执行董事　丁阳

"财富之于你意味着什么?"数年前在课堂上听到这么一个问题。

不同的人有不同的答案。

那财富和幸福的关系又是什么?它必然通向幸福吗?

在我看来,财富就像人生道路上的石头,它既可以是垫脚石,也可以是绊脚石,关键看你怎么用它。

那怎样才能让财富成为我们人生幸福的垫脚石呢?

阅读本书,会给你一些启发。

——传音学院院长　陈元海

《超越家族财富》是我非常喜欢的一本书,书中传递出的家族财富理念与公众认知大相径庭,颠覆了我原本对家族财富的认知。真正的家族财富传承不仅是钱,还有家族的信仰、经验和修养的传承。家族需要建立一种完备的文化、一种共同的历史使命感、一个共同的目标等,通过家族关系和丰富的社会资源,构建起强大的家族体系,让传承的过程有序、稳定,从而实现家族超越财富的传承。本书在提出新的家族财富理念的同时,也给出了具体可行的操作方法,希望你读完之后,能有自己的收获。

——皇晶生物科技创始人　陈小宴

《超越家族财富》这本书开宗明义:家族财富指的不仅仅是金钱,还有家族的幸福与繁荣。书中通过定性财富来体现家族的幸福和繁荣,而金钱仅仅是定量财富,是为实现家族幸福和繁荣的物质保障。

家族很少认知和衡量定性资本,传承的关注点更多落在定量资本,即财富资本上。但对完整家族财富的认知,才是传承的关键,即需要认识到定性资本的存在,并不断将其发扬光大,家族传承才会有坚实的基础。

在传统观念中,"家族"是以血缘关系来界定的,多数人所理解的家族传承就是父传子、子传孙。而本书中对家族亲缘关系的阐述,让我们眼前一亮,那些持续繁荣的家族并不将身份认同局限于血缘和基因谱系,而是通过内在认同感和共同使命联系在一起。广义的"家族亲缘"关系,是通过婚姻、精神导师、家族顾问、家族事务或慈善合作紧密联系在一起,处在这种家族关系中的人对家族目标有共识,为家族寻求利益最大化,非常值得依赖。这样的界定与认知,提升了家族传承的人力资本,也让家族传承有了更多的利他行为。

——祥泰基金创始人　徐伟力

引　言

一份邀请函

欢迎踏上旅程。我们希望您在阅读《超越家族财富》的过程中，能够有新的想法和实践，使您的家族能够长期发展其定性资本和财富资本。

《超越家族财富》标志着我们三个合著者在旅程中进入某个阶段，有段时间是各自独立的，最近阶段我们是在一起工作的。当邀请您加入我们时，先从我们三个人的简要经历介绍开始。

詹姆斯·休斯先生的欢迎词

欢迎我们前几本书的读者，也欢迎这本新书的读者！对于那些佩戴扇贝壳、戴着圆帽、拿着手杖，和我们一起去圣地亚哥探索如何帮助自己家族兴旺的朝圣者们，请坐下来，脱下你的礼服，同基斯、苏珊和我一起迈出我们共同旅程的下一步。对于刚刚加入的人，请向那些已经踏上这条旅程的人寻求帮助，并请他们讲述成功克服家族繁荣所面临挑战的故事。

正如许多读者已经知道的，我帮助我的家族应对"富不过三代"这句谚语的旅程始于我4岁的时候。我无意中听到母亲伊丽莎白·布尔曼在情绪激动的状态下，向我的父亲詹姆斯·E.休斯说明她对金钱的担忧和对这句谚语的焦虑。她的这个担忧一直持续到她95岁去世。

为什么会这样？因为她的父亲，也就是我的外祖父，在大萧条时期破产了。有一天，她回到家里，发现在新泽西州纽瓦克市的家门前的草坪上竖起了"待售"的牌子。在那之前，她的家族继承了她的祖父留下的大量财富。她的祖父是德国移民，也是一位发明家和成功的实业家。她不知道为什么会出现那块牌子，于是便走进房子找到了她的母亲。她的母亲说，父亲因为把钱存在她祖父的现在已破产的储蓄和贷款公司，导致了父亲自己破产。然后她母亲告诉了她另一个可怕的事实。我的外祖母只受过高中教育，是被父母溺爱的独生女，直到破产的那一天，家里都有佣人帮忙。她告诉我母亲，因为我的外祖父"不知道如何工作"，所以她打算第二天去工作。我的外祖母在一家医院做了 50 年的接待员来养活自己的家人，直到她 80 多岁。因此，我母亲对这句谚语的恐惧是完全可以理解的：她从年轻时起就一直生活在这句谚语所描绘的情景中。

我母亲向我父亲讲述了这些现实，这让我想帮助她摆脱那些恐惧。这也让我意识到，这句谚语在情感上的伤害有多大。

正如《家族财富》的读者所知道的故事，多年后的 1974 年，新加坡一位非常成功的商人的儿子们邀请我去拜访他们的父亲，我再次听到了这句谚语。

当时我还只是一名新手私人财富律师，我自然很好奇为什么他们为什么会花费大量的支出邀请我来新加坡，而当地肯定有优秀的法律顾问可以选择。当会面的那一天到来时，我仍然不知道为什么自己会被邀请。当我走进他的办公室，边喝茶边讨论世界上所有的宏观经济问题之后，我仍然感到疑惑。最后，这位经验丰富的商人说："休斯先生，你可能在想我为什么邀请你来这里。我们中国有一句谚语，叫做'富不过三代'，我不希望这种事发生在我的家人身上。你能够使用美国家族的经验技巧来帮助我们解决这个问题吗？"我很高兴发现自己能够帮助他。

自 1974 年以来，当我旅行去会见世界各地的家族时，我发现这个想法在以各种方式进行表达。这句谚语在文化上是普遍的，它抓住了财富和人类行为的一个重要真理。

因此，这句谚语成了主导我私人和职业生涯的问题。

我旅程中最精彩和积极的部分之一，便是成为我父母从他们各自已经衰落的家族历史中再创造出繁荣家族的一部分。今天，我们是一个大家族，包括我自己，以及来自我妻子杰基家族的成员。我们是一个繁荣发展的、紧密团结的三代人的集体，与我从父母那一代人获得的馈赠有着紧密的联系。我们的"部落"符合我对繁荣家族的测试标准：每一代人都有他们堂兄弟姐妹的联系方式，如果他们打电话给其中任何一个人，他们的声音会立即被认出来。我们是否面临持续繁荣发展的挑战？是的，当然如此。我们是否要正面迎接这些挑战？是的，必须如此。

为了应对这个谚语所带来的挑战，我开始与那些和我一样热衷于为家族服务的杰出专业人士见面、学习，并建立友谊。这些朋友和同事太多了，我无法一一列举。其中两位——苏珊和基斯，同我一起完成了这本《超越家族财富》。我还和他们一起写了另外两本书——《礼物的循环》和《新生代之声》。十多年前，当我开始怀疑自己是否还有更多话要说的时候，我们走到了一起。我们的谈话帮助我打开了新的思路和希望。我开始意识到自己真正的长者定位：不是领导或采取行动，而是召集那些希望学习的人，鼓励那些寻求行动的人。

我如今已经75岁了，工作了50年。看到在过去的20年里，我们写的书仿佛有了自己的生命，我深感欣慰。它们拥有生命力——我希望《超越家族财富》也能如此。我相信，读者会在本书中找到至少一条建议，激励你有勇气相信可以避免"富不过三代"的命运。我相信可以！

苏珊·马森奇奥博士的欢迎词

我出生在一个第二代移民的美国家族里。坚韧、勤劳和团结是我的家族和许多其他移民家族的价值观。

我很幸运有慈祥的祖父母和父母，他们以正直而慷慨的态度生活。我在很小的时候就学到，金钱是实现自我独立、有能力选择和对所爱的人慷慨大方的手段。我还幸运地拥有健康的身体、聪明的头脑和积极适应环境的态度。我继承了丰厚的定性资本。

我的祖父足智多谋,做了几笔不错的房地产投资,他把赚到的钱平均留给了四个孩子。我的父亲和他的兄弟一起创立了家族企业,有过成功,也有过艰难的时期。我亲眼见证了家族企业的现实:缺乏充分规划的继承问题,随之造成的冲突,以及嫁入家族的配偶对企业产生的不良影响。

我的母亲是一位了不起的女性——她活到了 101 岁——她决定在家族生意失败时重新去工作,以赚些钱供我上大学。毕业后,我在一个专门为特殊儿童服务的州立机构工作,然后我转到一所公立学校,教育特殊儿童。当我为同家人住在一起、有特殊需求的孩子提供教育服务的时候,我看到了这类儿童对家庭所产生的影响。这段经历促使我继续攻读研究生,专业方向是家族动力学。

多年来,我一直在大学本科和研究生课程中教授组织心理学,重点关注心理学在组织和家族中的应用。在我的职业生涯中,我大部分的时间致力于将心理学理论和实践应用于上市公司和私营企业、基金会和家族的领导力发展中,以取得积极的影响。

我相信自己的职业生涯形成了完美的闭环。从我个人参与家族企业,到为有特殊需求的儿童的家庭提供专业服务、企业领导力,再到为有特殊财富需求的家族服务,以造福家族成员和他们所属的社区。

我获得的财富都是自己创造出来的。我知道那种自己赚钱时油然而生的自豪感,以及能用这些钱去帮助别人的喜悦感。我也很幸运地享受到因拥有足够财富而带来的平静感。

近年来,我有幸与两位出色的专业人士合作:我亲爱的搭档基斯·惠特克和我们亲爱的朋友詹姆斯·休斯。我能够体验到杰出的企业领袖和拥有财富的家族所面对的快乐和挑战。我的希望是,通过我自己的生活经历、教育背景,以及致力于发展定性资本的承诺,我将能够持续对他人的生活产生积极的影响。

基斯·惠特克博士的欢迎词

我在这个领域的旅程始于我 17 岁生日。我在一个中产阶级家庭长大,因此没怎么考虑过钱的问题:家里的钱不算多,也不算少。然后,在我 17 岁生日那天的下午,我母亲把我拉到一旁说:"我想让你知道,你的祖父在生意上一直很成功,所以你可以在生活中做任何你想做的事情。"

我记得当时觉得这是一个奇怪的观点。因为我已经相信不管有没有钱,我都可以做任何自己喜欢的事情。

然而,了解到我祖父在经济上的成功,确实让我的感觉与以前不同。我觉得人们对我的期望更高了。"得到多的人,需要的也多。"当我读大学时,祖父为我支付了学费,每学期我都给他看我的成绩单,向他展示我所取得的成绩。有了这份馈赠,我也感到了一种责任。

我也感到自由——自由地追求一门真正让我感兴趣的学科,也就是古典哲学,而不用考虑我将来期望的工资。我没有背负任何学生贷款。我从事教学工作,不用担心会一贫如洗。

这些都是在早年能了解到的自己家族财富情况的一些积极因素。但是我发现也有一些消极的因素。

例如,自由的反面是一种轻松感。这意味着,无论我做了什么,我都可以弥补错误的选择,或者不去处理大多数其他人所会面临的挫折。例如,我喜欢哲学,但不喜欢教学工作中许多令人厌倦的内容,所以我离开了教学岗位。从那时起,我确实有过一些遗憾,而这些遗憾不是用金钱可以弥补的。

这种特殊感觉的另一面,是你可能成为被他人利用的目标。有钱人经常和那些为了钱而去找他们的人交往。我有时会被利用,这种感觉深深伤害了我。

被馈赠的感觉的另一面是纠结。作为受益人,我觉得我应该通过承担财富管理、受托人或者为基金会董事会服务等各种责任来回报我的家族。这些事情占用了我很多时间,让我无法去追求自己的梦想。虽然我从这些工作中学到了很多,但这并不是我真正的使命。我花了很长时间才成为真实的自己。

当詹姆斯邀请我加入他的旅程时,我知道我们会成为极好的合作伙伴。我们都赞同对财富资本的经典理解,将其作为追求最终定性目标——对美好生活的探索和实践——的工具。

苏珊也是如此,十多年前我邀请她加入我的工作和生活之旅。那时我一点儿也不知道,我会从她那里学到真正的资源是心灵和思想,我们最大的礼物是善用时间。

前方的旅程

为了让读者更好地了解本书,我们将其分为四个主要部分:

第一部分(第一章至第三章)介绍了本书的主题,即"是什么"。它们阐述了我们所指的家族、财富和企业的含义。

第二部分(第四章至第十一章)讨论了对家族繁荣至关重要的一系列角色。这些"谁"包括新生代、父母、祖父母、配偶、其他长辈、受托人、受益人、顾问和朋友。

第三部分(第十二章至第二十三章)涉及"该如何做",即家族可以采取的增加其完整财富的具体做法。

我们以关于个体的繁荣的结论作为结束,目的是在继续自己的旅程时,给你最好的祝福和深思熟虑的指导。最后,以一个关于未来的展望结语来结束。

在第二版中,我们还增加了两个附录:第一个是教授家族成员信托知识的课程;第二个是关于如何帮助你的家族度过困难时期——比如新冠疫情——的做法。

再次强调,读者既可以按顺序阅读这些章节,也可以根据自己的兴趣自行选择阅读,因为每一章都是可以独立阅读的。

第一部分

第一章　完整的财富

20世纪晚期,《家族财富》(Family Wealth)出版时,副标题是"让它留在家族中"。

许多读者认为"它"指的是金钱。毕竟,"富不过三代"这句谚语不就是指一个家族的经济情况吗？

基于这种假设,整个行业应运而生,旨在帮助家族调整他们的家族状况,以保护和增加他们的财富资本。

同样,许多读者、家族领袖和顾问得出的结论是,最重要的事情是努力打破这个谚语,尽一切可能将他们的财富资本留在家族中。

正确的理解

然而,这个结论是错误的。

"它"指的不是金钱,而是家族的幸福和福祉,这才是家族真正的财富。我们通过谈论"定性财富"来体现家族的幸福和福祉,这包括家族的人力、传承、家族关系、架构和社会资本。这种幸福和福祉才是目标,而家族的定量财富,即其财富资本,正是为这个目标服务的。

要打破这个谚语不是简单地使用各种工具和技巧,例如家族会议、价值观澄清、沟通基本规则等,来让家族成员更好地管理他们的钱。把钱留在家族里一定不是坏事,但这不是最重要的事。它只占了任务的五分之一。而且，当说到幸福时，它是最不重要的五分之一的部分。

《超越家族财富》的目标是帮助你识别、盘点和增长你真正的、完整的家族财富。这种完整的财富远远超越了金钱。增长完整的财富也满足了一些人——从安德鲁·卡内基（Andrew Carnegie）到社会正义的支持者——谴责继承来的财富资本对家族和社会都是有害的论调。但完整的家族财富提高了家族成员的生活水准，并使他们所在的社区受益。

一位家族领袖通过引用她祖母的话为我们阐述这个区别。她说，祖母这个智慧的女人经常说："我们家族一直很富足，有的时候我们也有点钱。"这就是定性资本和定量资本的区别。

与任何重要的事业一样，从正确的认知开始是至关重要的。为此，当你阅读这本书并思考财富时，请注意你何时会自动将这个术语与财富资本等同起来。这就是我们试图挑战并希望以幸福或福祉这个定义来取代通常所说的财富资本。如果你选择踏上家族财富之旅，那么要清楚你想在家族中保留什么样的财富。

完整的财富

我们已经说过，完整的家族财富包括人力、传承、家族关系、架构和社会资本五个方面的定性资本，以及家族的定量资本，即财富资本。本章的目标是定义这些资本形式，概述它们的增长方式，并提出一种测量定性资本增长的方法。

家族很少衡量其定性资本，这是因为他们通常没有意识到自己拥有这种类型的资本。但你能想象一家企业如果不追踪其大部分资本，它会成功吗？

能否认知、衡量和发展家族的定性资本，是家族繁荣或失败的主要原因。

相比之下，投资家族的定性资本——投资时间和精力——也许是一个家族所能做的最大的"影响力投资"。

当你阅读本书时，你可能会注意到五个定性资本之间有重叠与关联。这是因为每一类定性资本都抓住了同一件事的某个面向：家族真正的繁荣。

定性资本的五种类型

人力资本

家族的人力资本由组成家族的每个个体构成。人力资本包括身体健康和情绪健康，以及每个成员找到有意义的工作、建立积极的身份认同感和追求自我幸福的能力。

人力资本
家族成员的身体和情绪健康与适应力

传承资本
家族的核心价值观和宗旨——"家族品牌"

社会资本
对家族以外的社区的承诺

定性资本

家族关系资本
家族成员在家族中建立强大人际关系的能力

架构资本
促进有效决策的治理结构、政策和实践

图 1.1　定性资本轮盘

传承资本

传承资本由家族的核心价值观和共同目标感组成。在许多方面，它可以被认为是"家族品牌"——使家族与众不同，它使家族成员有一种共同的身份感和独特感。

家族关系资本

有效的沟通是每个成功家族的核心。家族跨代之间建立强大的人际关系连接的能力是特别重要的。这种能力构建了家族关系资本。

架构资本

拥有大量财富或企业的家族通常在信托、合伙企业、合同和其他法律或商业关系网络中运作良好。架构资本包括对这个网络的理解和有效驾驭它的能力。

社会资本

家族塑造他们所属的社区，也受社区的影响。对这些社区的承诺使得家族具有为大于自身的事物提供服务的力量。这种致力于对家族以外的所属社区提供服务创造了社会资本。

财富资本

一个家族的财富资本是其所拥有的财产。这些财产可能包括现金、上市公司证券、私人企业公司股票和私人合伙企业的权益。

这本书重点关注定性资本，而非财富资本。但这并不意味着我们认为财富资本不重要。财富资本对于家族培养其他形式的资本做出了很大贡献。它让家族获得高品质的医疗保健、教育，使家族的慈善事业成为可能，也让我们有时间和机会走到一起，讨论如何建立和维持一个共同的梦想。培养这些定性资本的机会是一个伟大的礼物，这是财富资本所能带来的。

资本的增长

财富保值是一个动态的而非静态的过程。为了取得成功,家族的每一代人都必须拥有第一代——创造财富的一代——的心态。

任何一个家族,如果其全部财富——无论是定性的还是定量的——仅仅是保持价值而不是增加价值,那么这个家族就有进入衰退或无序状态的危险,或者这个家族当下就已经处于这种危险状态了。像每个投资者一样,家族必须最大化其资本回报,以实现长期保值所必需的增长。家族可以做些什么来增加各种形式的定性资本呢?

人力资本

关于人力资本,家族可以考虑实施以下做法:

1. 促进每个成员的个人发展。这也包括为因成瘾症、身体或精神疾病而无法追求幸福的家族成员提供尽可能好的医疗服务。(关于个人发展的更多心理相关内容,见本书结语。)

2. 确保满足每个家族成员对食物、住所和衣服等的基本需求,并对于那些遇到生活紧急情况的成员提供足够的支持,以使他们重新获得追求幸福的能力。

3. 强调工作对个人自我价值感的重要性,并帮助每个家族成员找到最能促进其个人追求福祉的工作。所有这类工作对家族人力资本的增长都具有同等价值,不管其经济回报如何。

4. 鼓励所有家族成员,尤其是新生代成员,发展强烈的个人身份认同,超越家族的财富成功。

5. 促进家族的地理多元化。世界正在日益变小,如果家族想要应对当今的全球挑战,就必须参与到世界各个角落的活动中。

传承资本

关于传承资本，家族可以考虑实施以下做法：

1. 帮助每个家族成员明确自己的价值观。讨论每个人最看重什么，确定家族价值观相同的部分，并尊重不同的部分。

2. 分享您的家族历史，以及在您之前的家族历史。成功和失败的故事都需要讲述。有时候，失败之后的努力奋斗和取得成就是最有力量的故事。

3. 尊重家族传统，无论是在节假日、生日、周年纪念日，还是在家族成员和整个家族生活中的重要里程碑之日。讨论家族成员渴望保留和庆祝的传统，以及部分或所有家族成员可能准备放弃的传统。

家族关系资本

以下是增长家族关系资本的一些方法：

1. 考虑开始或持续举行定期的、经过精心设计和组织的家族会议，讨论整个家族都认为重要的话题。

2. 在家族会议中留出时间，努力加强家族成员之间的有效沟通。这可能需要了解每个人特定的沟通风格，理解不同的风格如何互补或可能产生冲突，并制定策略来解决摩擦点。

3. 研讨将家族成员的配偶纳入重要家族讨论的原因。这样做的担忧或挑战是什么？家族成员认为有哪些好处？配偶除了是未来新生代的父母，还经常为家族讨论带来有价值的观点。

4. 如果家族成员之间的信任、尊重或公平遭到破坏，可以使用外部资源为成员提供咨询，以发觉、管理和解决这些冲突。

架构资本

在架构资本增长方面，家族可以：

1. 迅速向所有家族成员提供关于所有家族治理事项的清晰信息，使每个人都能够理解,并寻求大家的反馈。

2. 邀请信托顾问或其他顾问设计有趣的教育课程,让家族成员了解他们的财富结构、功能和目标,以及伴随这些结构而来的角色和责任。

3. 制订领导力发展计划,该计划应考虑到家族的未来需求、其财富或产业结构的演变,家族成员对担任领导职位的真实兴趣,以及他们需要发展的技能和知识,以有效地担任这些职务。

社会资本

本书中的其他实践描述了家族如何增加社会资本。家族可能特别希望考虑的一些步骤包括:

1. 谈论所有家族成员——无论其年龄或发展阶段——回馈他人的方式,并在给予中找到快乐。

2. 考虑建立或优化慈善机构,让家族成员在如何运用慈善资源方面有选择的权利。

3. 通过参与家族企业或其慈善事业,为新生代家族成员提供与更大社区联系的机会。

4. 考虑在每次家族聚会结束时进行一次简短的感恩练习,让家族成员想象他们要感谢的家族成员,并找出表达感谢的方式。

财富资本

我们将把家族财富资本的增长问题留给许多其他关注这类资本的作者。[1]

我们只添加两个考虑因素,以反映家族与他们的财富资本之间经常存在的困难关系。

首先,许多继承了财富资本的家族成员不知道创造财富资本是多么困难。他们可能对财富创造者感到敬畏,并将成功定义为创造巨大的财

---

[1] 我们在第二十一章"财富资本"中分享了关于财富资本和定性资本之间关系的其他想法。我们还总结了两个与定性和定量资本重叠、与投资者分配和家族银行相关的实践。

富资本。用金钱来定义成功会让人产生一种不太好的感觉。此外,他们对财富创造者的经历可能产生一些负面的联想。因此,下一代家族成员通常感受不到家族财富资本创始人那样的动力。这对于家族财富资本的可持续性是一个问题。如果这个家族想象,或者更糟糕的是假设每个成员都将成为企业家,那么这个问题就会变得更严重。这样的假设可能产生相反的结果。只有通过努力发掘和支持每个家族成员自己的才能和梦想,这个家族(也许)才有希望看到企业家精神的发展,进而有助于积累更大的家族财富资本。

其次,大多数家族很难谈论财富资本。金钱可能是最后一个普遍的禁忌话题,很多时候,这是出于不好的原因:家族成员觉得没有受过教育、没有掌握权力,而感觉到尴尬。这种沉默产生了真正的机会成本。正如我们将在第十四章和第十七章更详细地讨论的那样,长期的成功取决于能否帮助家族成员之间进行有益的关于金钱的对话。

也就是说,就像任何禁忌话题一样,也有一些很好的理由让人们不愿意谈论金钱。拥有大量财富资本的人比其他人都更清楚,许多人(有时甚至包括家族成员)最终是因为你的钱而看见你。不谈论金钱可能是一种明智的防御措施。接下来的章节旨在帮助读者找到谈论财富资本的安全方式,以及保护和提升家族其他定性资本的方法。

主动比较

在讨论衡量各种定性资本的问题之前,先简要考虑一下定量比较。粗略估算一下你的家族每年花费多少支出来规划、保护和管理财富资本。这些支出可能包括资产管理费、咨询费、律师费、会计费、托管费等。

接下来,思考定性资本的类型以及我们描述过的能促进它们增长的活动。你的家族在这些方面投入了多少?当谈到送年轻人上大学或支付大额医疗费用时,可能会投入相当多的资金。但是在可持续发展的事情上呢?在积极促进定性资本的增长方面而进行的投资呢?

（注意这里的区别，对于任何企业所有者来说都很熟悉，即营运费用——如管理资产的费用——和投资，后者是用于资本增长的支出。）

你可能有一个预算来涵盖管理财富资本的成本。你有没有考虑过一个用于你的定性资本增长的投资计划？如果你有这样一个投资计划，它与你的财富资本的预算相比如何？这种比较是否说明了不同形式的资本在你家族生活中的相对重要性？

衡量定性资本

许多家族每年、每个季度甚至每个月跟踪其财富资本。精心管理资产负债表和损益表对于管理家族财富资本至关重要。

不幸的是，这些努力通常不会延伸到家族的定性资本上。如果没有对定性资本进行评估，家族和个人的资产负债表就是不完整的，也无法衡量一个家族的全部财富增长的程度。

衡量、管理和增长定性资本的方法是家族定性资本管理，这是我们在明智咨询研究（Wise Counsel Research）中开发的一个项目。在本节中，我们分享一下对这个过程的简要描述。

第一，每隔12个月，我们会评估客户家族的定性资本。为此，我们设计了一个叫做家族资产负债表的工具。每个家族成员需要花20－30分钟在线填写该表。家族资产负债表显示了家族在人力、传承、家族关系、架构和社会资本方面的得分。

第二，我们汇总所有家族成员的回答，以创建一份家族定性资本报告。该报告确定了该家族在五种定性资本方面所具备的优势和劣势。根据家族调查结果，我们在报告中为每一个家族成员及家族整体提出相关且可行的建议，以帮助家族增强其定性资本。

第三，我们与家族会面，审查家族定性资本报告。（每个家庭成员的报告对其本人保密，但每个人都可以看到家族整体报告。）这次年度会议最重要的部分是帮助家族讨论并决定定性行动计划。该计划可能包括具体目标，例如增强跨代沟通，吸引和教育新生代家族成员，以及创建有效的治理结构。家族定性资本行动计划确保家族总是以周全、深思熟虑的方式前进，以应对其真实需求，并充分利用家族成员的参与和投入的资源。

第四，家族成员与合适的专家一起执行他们商定好的定性资本行动计划。这些专家可能包括家族办公室成员、律师、个人或家族顾问以及治理专家。这与定量资本领域中所谓的"筛选投资经理"是一样的。你不会指望一个人来管理你的各种不同的金融资产，那么，为什么要期待一个顾问来帮助你管理不同形式的定性资本呢？

第五，6个月后，我们重新召开家族会议，评估目标达成的进展，并对定性资本行动计划进行任何必要的调整。

第六，在每年的最后一个月，我们再次与家族领袖会面，总结进展情况，识别家族系统中的变化，更新家族定性资本行动计划，并讨论家族下一年工作的总体目标。

毫无疑问，你已经注意到了家族定性资本管理过程和金融财富管理过程之间的相似之处。但这两者之间有一个至关重要的不同点。尽管金融财富管理非常有趣且重要，但它本身并不是目的。财富资本是追求其他目标（如安全、舒适、健康、有意义的经历等）的手段。

相比之下，定性资本既是手段，也是目的。拥有强大的定性资本可以使您的家族成员做更多的事情——有效地协作，做出更明智的决策，保持家族企业或家族财富的跨代传承。同时，这也让你们在个人生活中和彼此之间变得更健康、更快乐。它促进了真正的"从拥有财富到获得幸福"。

第二章　家族企业

亲缘关系

在这一章中,我们将分享对家族繁荣和家族企业的见解。但是首先,我们所说的家族是什么意思?这并不像一开始看起来那么简单。

我们在工作中发现,那些能够持续繁荣的家族都认为自己是亲缘关系家族。亲缘关系家族并不将身份认同局限于血缘或基因谱系。它把自己看作是由共同的使命和"与众不同"的感觉联系在一起的家族。[1] 它认识到,利他行为——为他人的利益而行动——是家族自身幸福和福祉的关键。亲缘关系家族通过婚姻和伙伴关系、精神关系(如教父母)、导师、友情以及业务或慈善事业中的共同合作来增加其成员。亲缘关系家族还包括那些服务家族多年的顾问,他们了解家族成员,已证明他们寻求家族最大利益,并值得信赖。

你如何鼓励你的家族以亲缘关系而非血缘关系的方式来思考呢?举几个常见但有说服力的例子,我们所知道的亲缘关系家族在家族会议上,通常把双方父母的姓氏——父系和母系——放在议程的最上方。他们花时间纪念其他"婚姻关系"中的故事,提醒每个人家族的发展像大树一样,

---

[1] 关于亲缘家族概念的更深入探讨,见 James Hughes, *Family: The Compact among Generations* (New York: Bloomberg, 2007)中的导言和第一章。

有许多根系。这些行动表明,家族的首要原则是包容。

亲缘关系家族很少是自己形成的,通常需要多年甚至几代人的培育。这种培育始于明确的目标。当你开始这段旅程时,问问自己:

● 我的家族中有谁认同这种基于亲缘关系,而非血缘关系的家族愿景?

● 谁是我的亲缘关系家族成员?

● 谁可能是我的亲缘关系家族的潜在成员?

繁 荣

"繁荣"是一个在过去十年或二十年中很常见的术语,因为它捕捉到一种幸福感,而这种幸福感是一种动态的,而不是静态的满足或满意。我们把它和"福祉"这个词互换使用,来表示人类真正财富的全部范畴。

在过去的五十年里,我们有幸与许多繁荣发展的家族一起工作。我们也非常荣幸地对全球各地的家族进行了采访,这也是我们对百年家族进行研究的一部分。这项工作重点研究了那些成功地将重要的家族企业传承给至少两代人的家族。他们用几十年甚至是几个世纪来衡量自己的成就。我们寻求他们的答案:是什么因素让他们能够长期共同繁荣?[1]

从一些谈话和我们的观察中,我们提炼出了以下家族繁荣的关键因素。这不是一个详尽的列表,但它提供了思考和行动的开端。

家族繁荣的关键

第一,在它们早期历史的某个时刻,繁荣的家族不仅想要创造巨大的财富资本,而且想要建立一个伟大的家族。这是最基本的意图。如果没有这个意图,其他的事情就很难发生。

第二,这些家族表达并分享它们的核心价值观,并通过示范、教育和

---

[1] 关于百年家族研究的概述,见 Dennis Jafe et al., *God Fortune* (Boston: Wise Counsel Research, 2014)。

进一步的讨论来保持这些价值观。

第三,这些家族尊重并鼓励个体差异。它们支持家族成员的个性化思维,鼓励家族成员发现自己的梦想。

第四,这些家族把集体注意力集中在它们的优势上。它们直面挑战,善于规避家族中的不利因素。

第五,繁荣的家族通过家族故事分享历史,这些故事在几代人之间不断讲述和重复。他们维护和庆祝他们的传统和仪式。

第六,父母把自己视为既是教师,又是学习者。

第七,这样的家族理解个体发展阶段的重要性,并将这种理解融入养育中。

家族繁荣关键的财富视角

我们的研究和经验还发现了另外四个实现繁荣的特定要素,它们都是基于财富资本范围内的:

第一,明智地给予:这需要给予者和接受者双方都认真思考和关心。

第二,繁荣的家族鼓励和促进个人身份的发展,使其与财富分离。这项任务对于家族新生代的培养尤为重要。

第三,这样的家族会使用家族信托,并确保这些信托主要是基于人际关系而不仅仅是法律关系。

第四,慈善事业为这些家族提供了一个共同的关注焦点。

这些家族繁荣的关键因素有着共同的重要特征。它们反映出家族是由个体组成的。为了家族的繁荣,每个成员都必须欣欣向荣。这些特征也反映出,每个家族都有自己的文化,这是由家族的历史、故事、创始人价值观以及现在成员的价值观和梦想塑造而成。如果个人违背了家族的计划与家族的共同文化,那么无论这些计划多么宏伟,都不会成功。此外,每个家族都属于一个更大的社区,这个社区塑造了家族成员和他们的选择。没有一个家族能够在不考虑社区对于家族成员影响的情况下做出规划,走出一条自己的道路。

基于这些观察，我们建议思考以下三个关于您的家族的问题：

1. 每个成员是否都在繁荣发展？
2. 你的家族是否享有旨在促进其成员个体发展的共同文化？
3. 家族成员是否知道如何在独立于家族企业的情况下规划自己的道路？

三环模型

到目前为止，我们已经讨论了财富和家族。当一个家族有意通过几代人的共同努力来增长所有形式的资本时，它就创建了我们称之为家族企业的组合。企业是一个商业术语，但是家族不必拥有和管理一家企业才能成为有进取心的家族。我们所知道的许多有进取心的家族在多年前或几代人之前就已经出售了它们的运营企业。

领导好家族企业的首要关键是，要认识到它是由不同的部分组成的，尽管这些部分联系紧密，但它们有不同的目标和运作方式。

任何家族企业的三个主要部分是家族、所有者和管理层。家族是亲缘关系的载体。所有者包括所有拥有家族资本所有权的人，无论他们是个人、董事会成员还是家族信托的受托人和受益人。管理层可以包括家族所拥有或控制的商业企业的经理、家族资产的财务经理，以及经理、所有者和家族成员的顾问（如律师和会计师）。

这些部分——家族、所有者和管理层——是使用最多的家族企业模型之一——最初由哈佛大学的雷纳托·塔久里（Renato Tagiuri）和约翰·戴维斯（John Davis）提出的"三环模型"（见图 2.1）的核心。

三环模型在很多方面都发挥了作用。

首先，它强调虽然家族企业的三个圆环形成了一个系统，但每个圆环都有自己的优先事项。对家族来说，优先考虑的是包容；对于所有者来说，优先考虑的是保护（例如，将所得税或转移税最小化，或保护资产免受潜在的债权人的影响）；对于管理层来说，优先考虑的是业绩。

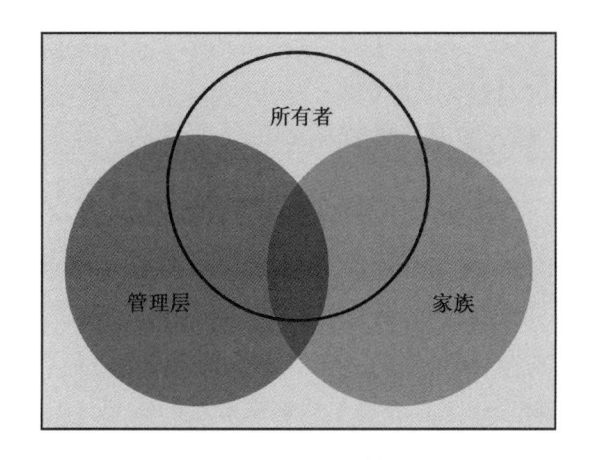

资料来源：基于雷纳托·塔久里和约翰·戴维斯(1996)的模型。

图 2.1　三环模型

当一个圆环的优先级去主导其他圆环时，麻烦就出现了。例如，为了保护资产，可能限制所有者的范围，例如要排除配偶。同样，管理层可能希望与"非专业"的家族成员和所有者保持距离来提高绩效。所有者和管理层可能会在追求更高回报的风险承担方面产生冲突。

其次，该模型有助于家族企业找到理解和解决常见冲突的适当点。家族企业中最常见的冲突和挑战包括：

- 父母与子女或兄弟姐妹之间在管理控制权上的冲突。
- 在管理战略和方向上的冲突。
- 在所有权策略上的冲突（例如，是保留还是出售）。
- 同时担任经理的股东与业务之外的股东之间的冲突，例如，关于是否将利润进行再投资或作为股息进行分配。
- 家族成员在就业和薪酬方面的冲突。
- 拥有或管理企业的家族成员的配偶之间的紧张关系。
- 受托人（家族或非家族成员）、所有权的法定所有者和受益人之间缺乏沟通和理解，特别是当到了第三代时，大部分或全部的家族财富资本可能由家族信托持有。

当人们没有意识到这三个圆环之间的重叠时，大多数冲突就会发生。

解决这些冲突的出发点是承认其中的不同因素：家族的需求，管理层的需求，以及所有者的需求和责任。

三环模型的另一个有益的特点是，它为有进取心的家族提供了一种方式来想象和理解，哪些是它们投入最大的领域，以及它们可能忽视了哪些领域。

想象一下，每个圆环的大小代表了你的家族企业在家族、所有权和管理上投入的时间和精力。哪些环变大了，哪些环变小了？

比如，是运营企业的管理比家族财富资本的管理占据的时间和注意力更多？如果是这样，那么家族企业的状态可能看起来更像图2.2。

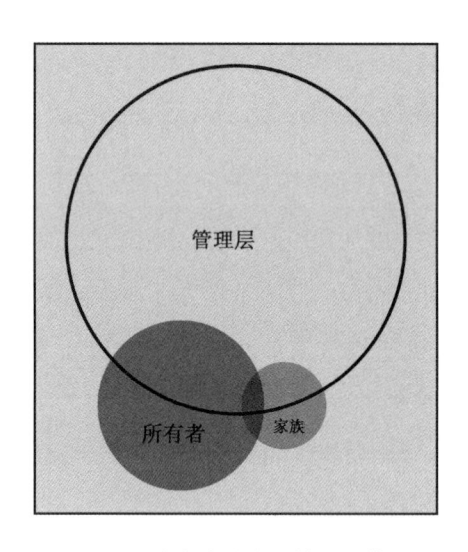

图2.2 众多家族企业的现实情况

你的家族企业是否最关注谁拥有哪些股份，或者谁可以选举董事？你是否将大部分时间和精力花在传承规划及其各种结构上？如果是这样，那么家族企业的状态可能如图2.3所示。

这两种三环模型的变化是最常见的。通常情况下，管理层或所有者的圆环会比其他两个更为突出。在这两种情况下，家族环越来越小。如果你的家族是这种情况，那么你的任务是显而易见的：尽你所能来扩大这个家族环。理想情况下，为了长期的成功，家族环应该比其他两个更大，

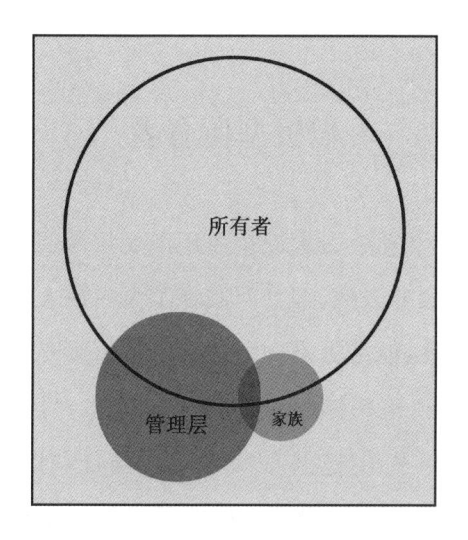

图 2.3 当所有者成为优先事项

而不是更小(见图 2.4)。

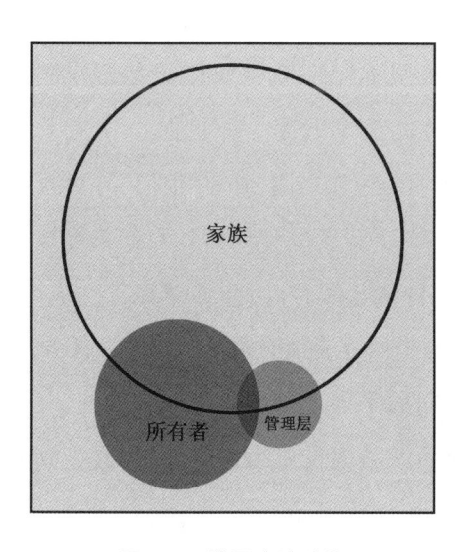

图 2.4 给予家族地位

通过扩大家族环,你可以确保你的家族成员除了做生意或理财,还有其他联系和共度时光的方式。你还将为在整个家族中广泛传播有关财富资本的适当信息打下基础,这样即使那些不在管理层的人也能知道它是如何运作的。通过扩大家族环,你可以创建一种尊重财富资本重要地位的身份认同感,而不会忽视或排除未在管理层活跃的成员。

积极型所有者

除了保持家族环的强大,家族企业还需要认真关注所有者环。不这样做通常会导致致命的失败,部分问题在于大多数人认为所有权是一个法律问题。确实如此,但这更是一个道德问题。所有者环指的是拥有所有权,就是承担责任——为你自己、你的家族,以及对世界的影响负责。

所有者通常意识不到他们作为所有者的责任,对他们和所有权利益之间的关系感到疑惑,甚至不清楚他们拥有什么。因此,家族成员往往是被动的所有者:他们把企业的战略问题交给了管理层。

这一挑战最明显的迹象是,许多家族成员认为所有权问题是禁忌或不可谈论的。

家族应培养积极型所有者,确保所有家族成员都明白:

- 所有权是一种责任,管理是一种职业。
- 也就是说,企业与家族之间,并非"他们"与"我们"的分离关系。
- 被动型所有权导致家长式作风:"让我们来照顾你",以及怨恨:"你应该更清楚!",这两种情况都不利于长期繁荣。
- 管理风险是每个所有者都必须承担的复杂任务,掌握承担过多风险和承担过少风险之间的平衡是可以学习和管理的。(这一点对于不从事商业或者投资专业的家族成员尤为重要,因为这些成员往往因为害怕犯错而高估风险。)
- 由于受托人的谨慎义务,他们是保守型所有者,因为他们不能像其他竞争企业的股东一样承担相同的风险。
- 受益人必须成为积极型所有者。要做到这一点,需要定期与受托人会面,并在努力学习的过程中提出各类问题。
- 家族所有者必须对系统理论、领导科学、领导转型过程以及评估企业健康和管理绩效的方法有基本的了解。

- 家族所有者必须相互沟通，真正倾听彼此的心声，在企业不断实现并超越创始人或创造者这一代人的梦想时，为企业提供发展助力。

- 家族所有者必须对他们的经理、家族成员和非家族成员表示肯定、尊重并表达感谢之情。这样做给整个体系注入能量、保持活力。

- 为了开展这些活动，家族所有者最好至少每年召开一次所有者会议。这次会议也可以作为检查家族成员自己的传承计划、保险需求和相关财务事项的机会。管理层可以在事先与家族成员进行适当交流的基础上，规划会议和策划内容。这种会议可能是一个邀请家族各位顾问的好机会，以确保所有者与他们有紧密的联系，并知道向谁咨询问题或了解更多信息。

- 家族所有者也应利用家族资源参加教育课程，学习如何增加五种定性资本。

- 年轻的家族成员通过花时间参与家族企业的运营，无论是在车间、交易台还是在办公室，体验家族的工作，并了解其对他人生活的影响，从而获得最佳学习效果。

- 家族企业的每一代人只需要管理几次关键的转型，短期调整不太可能对家族企业的成败产生类似重大的影响。

- 家族所有者的主要责任是以一个初学者的心态，专注于战略层面，而不陷入适用于短期问题的战术思维。战略问题不仅仅是如何保护家族的全部财富，而是如何持续增加这些财富。

如果共同的意图或共同的梦想为家族财富之旅提供了总动力，那么受过教育、积极型所有权就是踏上这一旅程的手段。

交 接

由于家族企业始终在成长和变化，因此可能面临的最关键的挑战是交接。

在一个家族企业中，交接可能涉及至少四种情况的变化：

1. 家族成员交接——从上一代到下一代的转移，随之而来的是家族成员的新角色和新的交流方式。

2. 所有权交接——家族内部所有权的交接（有时转移到非家族成员董事或受托人手中），随之而来的问题是如何更有效果和效率地进行交接；这种转移通常涉及一个问题，即当大部分或全部家族财富资本由信托持有时，如何促进积极的所有权。在大多数家族中，到第三代时，90%或更多的财富资本由家族信托持有。这种"信托潮"有助于保护家族财富资本，但它可能会削减家族的定性资本。[1]

3. 董事会交接——如果家族拥有一个商业董事会或家族委员会（如第二十章所述），这种交接会影响企业的战略方向。

4. 管理权交接——这种交接引发了有关企业的整体方向或投资政策的问题，以及有关选择和评估合适的管理人员的问题。

每一个交接都是至关重要的，并且经常有几个交接会同时发生。

另一个复杂因素是，家族企业在其发展和转型的不同阶段，需要不同类型的领导者。例如，企业管理中最著名的领导者往往是"前线领导者"。这种领导力在危机或新创立的企业中至关重要。前线领导者有激情、远见、创造力和自我使命的感召力，能够激励他人。

家族企业的问题在于，它们的长期任务是促进所有成员的繁荣。在这种情况下，更有效的领导者可能是"幕后领导者"，他们帮助企业的所有成员找到自己的道路。虽然一个前线领导者可能对创建家族的财富资本或在危机中保护财富资本是必不可少的，但过于强势的前线领导者会阻碍其他家族成员的发展，从而最终耗尽家族的定性资本。

最后，家族企业需要意识到交易型和变革型领导者的不同用途。交易型领导者应对并克服今天的问题，而变革型领导者应对并克服未来的问题。前者帮助一个家族企业当下"有饭吃"；后者不仅帮助一个家族在

---

[1] 关于信托的正面和负面长期影响的更多内容，请参阅 George Marcus, Peter Dobkin Hall, *Lives in Trust* (Boulder, CO: Westview Press, 1992)。列表改编自 Doud, *Challenges and Opportunities in Family Business Succession*, 59 NYU Institute on Federal Taxation 1401, no. 2 (2001)。

当下有饭吃,还计划让企业成为未来几代人的"衣食父母"。

驾驭这些不同的转变和风格需要高度的谨慎、耐心和沟通。同样,本书的其余章节和所包含的工具旨在帮助你准备和管理任务。在这一点上,问自己下列几个问题,让自己为未来做好准备:

- 在你的家族企业中,哪个环最受关注:管理层、所有者还是家族?哪个环得到的关注最少?
- 哪种领导方式——如果有的话——在你的家族企业占主导地位?似乎最需要哪种领导力?
- 在培养积极型所有者的过程中,你的家族企业处于何种阶段?

时　间

家族企业的一大优点是,它们的生命远远超过个人的寿命。然而,当谈到完整的家族财富时,人们往往没有使用适当的时间框架,关注点过于短期和个人化,而家族成就目标往往定得太短。

时间应该以代来衡量,否则一个家族如何解决他们在第四代时是否还会凝聚在一起的问题?对于家族来说,短期是20年,中期是50年,长期是100年或者更久的时间。

我们大多数人知道,因为看起来太难而过早放弃旅程,是家族企业失败的最常见原因。选择开始长期财富增长之旅,以及完整的财富增长的家族,面临着一个令人望而生畏的事实:如果他们成功了,那么这个过程将永远不会结束。他们必须决定让子孙后代继续这一进程。

为了帮助你决定是否开始这个过程,我们提供我们最喜欢的增长家族财富的比喻:欧洲山毛榉。如果你不知道这种树长什么样,而又想看到的话,那就去罗得岛,在许多纽波特豪宅的前院看一看。当完全成熟时,欧洲山毛榉是东北部森林中最大的树之一,可能需要五六个成年人,或者十个孩子,手拉着手才能环抱它。一旦成熟,这种树木就将存活几个世纪。

为什么我们最喜欢使用这种漂亮的树来比喻一个家族成功地长期保存财富呢？因为这需要勇气去种一棵需要150年才能成熟的树。种树的人不会看到它完全长大，同时它需要好运才能成熟。想想飓风、冰雪、害虫和火灾，当树太年轻而无法承受这些危险时，可能会被毁掉。此外，得很小心，必须与那些想砍伐它而得到木材的人抗争，也必须与那些想在当地修路或开发新住宅的政府抗争。家族还需要勇气、关注和好运。

我们将以《家族财富》中讲述的一个关于欧洲山毛榉的故事来结束这一章。在19世纪，据说拿破仑三世的一位将军利奥泰（Lyautey）元帅，被认为拥有法国最美丽的花园。有一次，他和他的首席园艺师站在一起，眺望着他的庄园，观察着种植在那里的世界上最美的树木。然后利奥泰突然转向园丁说："我没有看到欧洲山毛榉。"他的园丁回答道："是的，将军。不过这样的树需要150年才能长成。"利奥泰毫不犹豫地说："那么我们今天就必须开始播种——我们没有时间可以浪费。"

就像种植一棵山毛榉一样，踏上增长完整家族财富的旅程是一种非凡的行为：启动这一过程的成员永远不会知道他们最终是否成功。如果你有勇气，你想成为最深刻意义上的财富创造者，那就开始吧。没有时间可以浪费。

第三章 原　则

现在你已经读到这里，你应该明白完整的家族财富远远超越金钱：它是家族的幸福和福祉，由定性资本——人力、传承、家族关系、架构和社会资本——所构成，并由定量的家族财富资本所支持。你知道，繁荣的家族不是通过血缘而是通过亲缘来定义自己，并参与各种各样的实践，随着时间的推移来增加其定性和定量资本。你已经看到，家族企业认识到，管理只是他们关心的一个方面，长期繁荣还与负责任的所有者和跨越几代人的家族关系密切相关。

这些想法是本书其余部分的基础，在本书中，我们将探索完整的家族财富之旅中的人物和方法。在这一点上，作为记忆的工具，以下是詹姆斯在20多年前创建的表格的修改版本，许多家族发现在他们的董事会会议室或最重要的治理文件的开头贴上这个表格很有帮助。

完整的家族财富的原则

1. 保存完整的家族财富是关于人类行为的问题。
2. 家族最基本的资产是家族中的每个成员。
3. 家族的完整财富包括其成员的人力、传承、家族关系、架构和社会资本。家族财富资本是支持其定性资本增长的工具。
4. 为了成功地保存其全部财富，家族必须在家族成员中形成一种反映其共同价值观的社会契约,每一代人都必须重申和重新接受这种社会契约。

5. 为了成功地保存其完整财富,家族必须同意建立代议制的治理体系,通过这个体系,积极地实践自己的价值观。每一代人都必须重新确认其参与到该治理体系中。

6. 家族治理的使命必须是增强每个家族成员追求幸福的能力。这种追求将增强整个家族资本,并长期促进保护家族的完整财富:定性资本和财富资本。

第二部分

第四章　崛起的新生代

为何崛起？

我们从讨论新生代在家族财富中的定位开始这一章。我们是有意这样做的。大多数顾问和家族成员把注意力集中在父母或祖父母身上。不管是否明确，他们都遵循所谓的黄金法则：谁掌握财富，谁就说了算。通常掌握财富的是老一辈，也就是已经登上家族权力顶峰的一代。

顺便说一下，如果你是一名顾问，请问自己三个问题：(1)谁在支付我的费用？(2)我认为谁是我的客户？(3)谁为正在崛起的新生代的成长和幸福发声？如果前两个问题的答案是"年长的一代"，第三个问题的答案是"没有人"，那么你所服务的家族将走向悲伤的结局。如果第三个问题的答案是"除了我以外的某个人"，那么他们很可能不会成为你的长期客户。

如果你是一个家族中正在成长的一代中的一员，你知道你是这个家族的未来。你掌握着家族真正财富的钥匙。

这就是为什么我们要使用"崛起"这个词。一般情况下，人们总会使用"下一代"这个词来形容拥有财富或家族企业的家族新生代。我们建议你从你的词汇表中删除"下一代"这个词，至少在涉及代际关系时是这样。"下一代"把重点放在了先后顺序的代际关系上，即父母是财富创造者，他们是重要的,其他人都只是"下一代"。

相比之下,我们认为每一代人都有自己的承诺。每一代人都有崛起的能力,这种能力在年轻一代或二三十岁的年轻人身上最为明显。但"崛起"不需要局限于年龄或人口统计学(例如,千禧一代或 X 一代)。很多时候,尤其是在富有的家族中,40 多岁、50 多岁或 60 多岁的人从未有机会完全确立自己的身份,而他们也有崛起的机会。

我们现在要关注年轻一代的崛起。在这一章的最后,我们将回到中年人的崛起。

黑洞的影响

崛起和成长是人类生活的一部分,无论你是否生活在巨大的金融资本之中。但是,正如我们刚才提到的,有时巨大的金融资本的存在会阻碍崛起的自然趋势。我们使用"黑洞"这个名字,来描述这种危险的来源。如果你来自一个非常富有的家族,回想一下你的历史。是否有一个人作为家族财富的创造者,而有很高的威望?你们家族是否讲述着这个人的艰辛与胜利的故事?他或她的价值观和观点是否主导着家族决策?他或她对信托或合作伙伴关系的决定是否仍然影响着家族成员的生活方式选择?如果是这样,你的家族的情况并非特例。大部分富裕家族会有一个不可或缺的人物,即家族财富的缔造者。这样一个创始人及其梦想可以成为整个家族的太阳,照耀着家族成员,促成好事情,给家族一种归属感和重要性。

与此同时,正是这个令人称赞的创始人和他或她的梦想,我们称之为"黑洞"。因为在这个人的成就和梦想面前,家族中的其他人、几代人,似乎都变得微不足道。

那么,任何正在崛起的一代人所面临的根本问题是:"我如何才能摆脱黑洞的引力,建立自己的身份感,追求自己的梦想?"

要思考这个问题,重要的是弄清楚你自己,和黑洞可能已经对你产生的影响。以下是我们在富足的家族中观察到的一些人格特点,这些特点可能已经在不知不觉中影响了你和你的家族成员。以下是一些特点描述:

● 尽职尽责的管家:管理和传统是好事,但有时它们似乎取代了其他一切。如果你只是一位管家,那么你到底是谁?你在管理谁的梦想?你自己的梦想呢?

● 陨石:很多次我们遇到家族的新生代告诉我们,当他们在误收了邮件里面的财务报表后,才发现家族财富的规模惊人!这种披露的影响就像陨石撞击大气层一样,可能使新生代成员完全失去方向,不知道自己是谁,也不知道该追求什么样的人生道路。如果"黑洞"在此之前不让家族讨论关于家族财富的事情,那么这个陨石的影响将更加强大。

● 青蛙:谚语中的青蛙放在热水锅里会马上跳出来,而被放在慢慢加热的锅里会被煮熟。你是否正在被"黑洞"的引力——漂亮的房子、美妙的假期、大量的玩具——慢慢烹煮?你想跳出去,但又担心外面会有多冷?

● 平行宇宙:我们曾经认识一些家长,为了试图摆脱黑洞的引力,故意让他们的孩子在慈善超市(Goodwill)或"救世军"(Salvation Army)购物,即使他们拥有数百万美元的财富资本。当这些新生代成员不可避免地发现真相时,他们会感觉受到了背叛,就好像他们的童年是在平行宇宙中度过的。他们一直在想:"什么才是真实的?"

● 焦虑的继承人:与创始人相比,我怎么能够有所超越?这是很多新生代成员心中的担忧。这可能会导致你始终不确定自己是否能做出正确的决定,是否能相信他人并管理自己的生活。

● 好名声先生:这种焦虑的一种常见形式是担心家族的声誉,这会严重限制你自己的选择——在哪里生活、做什么、交什么朋友——以期"保持好名声"。

● 伟大的给予者:某些新生代试图通过公开放弃家族的财富,比如通过慈善捐赠全部财富来摆脱黑洞的引力。这样的捐赠可能对世界有所帮助,但也可能导致深深的懊悔和破裂的家族关系。

挑　战

对黑洞所带来问题的解决方案是在心理上的,这一解决方案在"个性化"一词上得到体现。这意味着建立自己的身份认同,具备技能、知识、品格和目标;也意味着将自己的身份与创始人、父母、导师和其他对你的生活产生重要影响的人的身份分开。

个性化是在发展的背景下进行的。为了提供人类发展的概要,我们总结了精神分析学家埃里克·埃里克森(Erik Erikson)关于其主要阶段的描述。每个阶段都描述了一个困境以及应对该困境活动的特征:

- 婴儿

信任与不信任

需要最大的舒适和最小的不确定性来信任自己、他人和环境。

- 幼儿

自主与羞耻和怀疑

努力掌握物理环境,同时保持自尊心。

- 学龄前儿童

主动性与内疚感

开始主动发起而不是模仿活动;发展良知和性别认同。

- 学龄儿童

勤奋与自卑感

试图通过提高技能来培养自我价值感。

- 青少年

身份认同与角色混淆

在榜样和同伴的压力下,尝试将许多角色(孩子、兄弟姐妹、学生、运动员、工人)整合成一个自我形象。

- 青年

亲密关系与孤独

作为配偶或伴侣,学会对他人做出个人承诺。

- 中年人

创造性与停滞不前

通过职业、家庭和社会利益中的生产力寻求满足。

- 老年人

完整与绝望

回顾一生的成就,处理失落和准备迎接死亡。

在继续之前,问自己以下这些问题:

- 你现在处于人生发展的哪个阶段?
- 你的重要家族成员处于哪个发展阶段?
- 在你目前的发展阶段,你遇到了哪些特殊的挑战?
- 在过去,你做了哪些对人生转变最有帮助的事情?
- 如果你继续做什么,会更好地享受你目前的生活?
- 如果你停止做什么,会更好地享受你目前的生活?
- 如果你开始做什么,会更好地享受你目前的生活?

个性化是一种跨越几个人生阶段的活动,尤其是从童年到中年。非常重要的是,个性化并不意味着个人主义——失去与你的家族和你家族其他成员的所有联系。它意味着与他人保持成熟的联系。它包括分离和连接,或者独立和相互依赖的平衡。这是我们每个人都必须找到的平衡,不管是否富有。这是一个基本的人类挑战。

在这个基本的人类挑战中,还要增加家族财富的特殊因素或特殊需求。家族财富资本有一种强调相互依存的方式。如果你的父母成功,要摆脱他们的阴影可能很困难。如果你的家族出名,要建立自己的名声可能很难。如果你在信托和企业等环绕中成长,你可能会发现在你生活中重要的事情上做出自己的选择很困难

事实上,在你人生的不同阶段,初始的梦想可能会适当地放大,而有时可能变得很小。无论是你的梦想还是你与家人的联系,都不可能完全

消失,也不应该完全消失。

许多新生代成员告诉我们,他们的父母担心他们会变得自以为是。但自以为是的真正原因是新生代未能实现个性化。自以为是的核心是没有把自己看作一个有能力、独立的人。个性化是自以为是的解药。

迎接挑战

成长是一生的事业。以下有两条建议,帮助你继续或开始这个旅程:

1. 问一问自己:"在哪些情况下,我感到真正的掌控感(in control)、积极投入(committed)、乐于接受挑战(challenged),并与他人和谐相处(community)?"上述"4C"原则表明一种自我觉察和自我效能的情况。认识并感受到"4C",可以帮助你在现在和将来找到相似的情况(见图 4.1)。(有关"4C"的更多信息,请参见本书结语。)

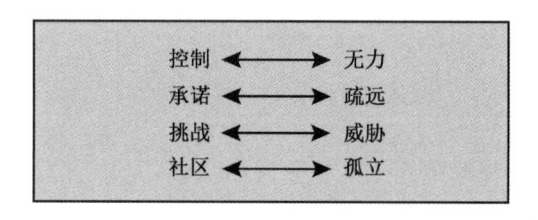

```
控制 ←→ 无力
承诺 ←→ 疏远
挑战 ←→ 威胁
社区 ←→ 孤立
```

图 4.1　4C

2. 接下来,想一想自己擅长什么活动?你在自己身上看重什么?在哪些方面获得了最大的成功?你可以决定成功的含义。一旦你确定了这些活动,就要寻找背后的原因:是什么优势让你体验到这种成功?

这些问题旨在寻求自我觉察。但是自我觉察并不仅仅来自反思,对于某些人来说,它也可以来自行动。在实践中检视自我觉察是非常重要的。我们发现检视中最重要的领域是工作、关系和沟通(特别是与其他家族成员,包括父母)。如果说我们的经验告诉我们,在拥有大量财富的家族中有什么危险信号,那就是孩子们在成长过程中没有任何真正意义上的工作(由他们自己或他们的父母完成),没有持久和可以信任的关系,在家族中没有公开和真诚的沟通与交流。

接下来的章节将分别讨论工作、关系和沟通的主题。这里我们将概述一些特别适用于成长阶段的重要点。

在工作方面，寻找能挑战你、考验你能力、需要你付出奉献并真正满足他人需求的活动。这项工作可以是有薪的，也可以是志愿的，可以是兼职也可以是全职。关键是，通过至少在某种程度上致力于满足他人的需求的过程，我们可以了解到自己的强项。

如果你在家族控制的商业环境中成长，你可能有很大的动力去从事这个行业。这可能是一种美妙的体验，但我们建议你在其他地方工作并积累了相当的经验（比如三到五年）后再考虑回家族企业工作。在其他地方工作，你将会接触和学习在家族企业里可能得不到的技能和知识，这将使你对家族企业更有价值。此外，你（和你的家人）永远不会为是否能在离开家族温室后独立生活而感到担忧。

至于人际关系，我们建议新生代（或者任何一代）与以下人士建立关系：

- 认可你的优点。
- 分享你的梦想。
- 积极向前。
- 挑战你，激励你尽可能做到最好。

想想你自己的亲密朋友或其他关系。你的朋友或伴侣身上是否具备这些特征？富有家族的新生代成员最常表达的担忧是，他们担心未来的朋友或伴侣只看重他们的财富。这是一个合理的担忧。对此挑战的回应不是隐藏你的财富，更不是炫耀它，而是超越财富去评估你未来的朋友。如果他们能做到以上四点，你们会共同找到处理财富的方式

最后，当谈到家族内部关于财富的交流时，有几点需要考虑：

- 承认谈论家族财富很难，但不要等你的父母或祖父母提起。他们可能不知道如何做。
- 思考你想学什么，以及为什么。试着让你的问题尽可能具体，例如，

"您对我将如何使用我可能获得的任何财富有什么期望?""您对我在工作和收入、储蓄和消费方面有什么希望?""您是希望我加入家族企业,还是因为我接受了部分财富资本而延续某些其他传统?"

● 想想你的父母或祖父母是谁,以及如何最好地与他们沟通。一对一?还在家族会议的背景下?或者先写一封书面说明,以便他们先做思考?

再次强调,工作、关系和沟通是我们看到新生代真正发现自己的优点、缺点和成长领域的三个方面。正是从这些活动和自我反思中产生了一些真正基本的东西:对自己的梦想的清晰认识。我们听到很多父母告诉我们:"我不知道我的孩子的梦想是什么。"我们也听到很多新生代成员说:"我还没有找到我的梦想。"有时候,这种对梦想的过度强调可能成为负担。如果一个人的梦想不是非常明确,他可能觉得自己是个失败者。我们的经验是,梦想只有随着时间的推移、努力和成长探索的过程,才会变得清晰。它们几乎从未在这个过程的开始就很清晰。

为了给你追求梦想一些鼓励和灵感,下面是两首诗中的诗句,这两首诗都讲述了伟大的探险家奥德修斯(Odysseus)的旅程,他本人就是一位传奇式的领袖。第一个来自希腊诗人卡瓦菲(C. P. Cavafy)的诗《伊萨卡》(*Ithaca*):

> 当你踏上前往伊萨卡的道路,
>
> 祈祷道路漫长,
>
> 充满冒险,充满知识。

伊萨卡是我们都想去的地方,是我们渴望和希望的目标。大多数人专注于目的地,并希望已经到达那里。但是成长才是旅程。

第二个来自出生于俄罗斯的诗人约瑟夫·布罗茨基(Joseph Brodsky)的诗《奥德修斯致忒勒玛科斯》(*Odysseus to Telemachus*),这首诗想象了奥德修斯对他的儿子忒勒玛科斯说话,忒勒玛科斯自己也面临着在如此伟大的父亲的阴影下崛起的挑战:

> 长大吧,我的忒勒玛科斯,变得坚强……

你的梦想,我的忒勒玛科斯,是无可指责的。

你的梦想,也是无可指责的。

在中年时崛起

正如我们在定义"崛起"这个词时提到的,不仅仅是 20 多岁和 30 多岁的年轻人在崛起,每一阶段的人都可以崛起。在巨大的金融财富的背景下,我们常常看到人们要到中年甚至 50 岁才开始崛起。在这件事上,除了我们已经讨论过的所有内容,还需要考虑一些特殊的因素。

回到埃里克森的发展阶段,其中一个考虑因素是,挑战不仅涉及个性化,还涉及面临停滞与创造的两难境地。生活可能变得乏味,过去和遗憾似乎比未来和希望更重要。对这种停滞的解药是创造:一种给予、提炼你所学和经历的东西,并将其用于帮助他人(你的孩子、侄子侄女或社区的其他成员)。创造往往是中年家族成员崛起的关键。

为此,寻求处于同一境况的人的支持和见解可能会有所帮助。这些人可能是其他家族成员,如兄弟姐妹或表兄弟姐妹。他们可能是其他拥有巨额财富的家族的成员,你可以通过会员组织、慈善机构或类似的方式结识他们。中年对于任何人来说都可能会感到孤独,特别是在拥有大量财富的情况下。利用你的人际关系网络打破孤独,并实践第二章中讨论的积极型所有者。积极型所有者可能涉及在财富资本的管理中有自己的观点,并投资符合你价值观的项目。它还可能涉及更积极地让你的家族成员团结在一起,进行交流、学习和决策。

积极掌控自己的生活可能需要迈出更大的步伐,比如离开让你感到束缚的职业或关系。无论如何,中年旅程都代表一个关键时刻,你要问自己是在过自己想要的生活,还是在过你认为别人希望你过的生活。

出　发

在结束本章之前,让我们回顾这个崛起之旅。

关于这段旅程,以下是一些反思问题的列表。如果你有教练或导师,可以根据他们对你的了解,帮助你来反思下面的问题。如果你正在指导一个新生代成员,可能是一个孩子、侄子或侄女,请他们思考这样的问题可以成为有意义的谈话的基础:

- 我是自由的还是依赖的?
- 我找到有意义的工作了吗?
- 我是一个好朋友吗?
- 我会对自己怀有同情心吗?
- 我会表达感激之情吗?
- 我能体验到快乐和幽默吗?
- 我是否参与了社区建设,或者为他人奉献?
- 我想在哪些领域进一步发展?

这份问题清单可能会让人不知所措。如果是的话,那就一次只思考几个问题,也许在六个月或一年的时间里涵盖整个清单。它背后的意图是有意识地提升自我。

第五章　大揭秘

确　认

很多在拥有巨额财富的家族中的年轻人经历过所谓的"谈话",或者更戏剧化的"大揭秘"的过程。

在老套的版本中,18 岁或 21 岁的年轻人被带进律师或理财经理的办公室。专业人士可能会开始说几句客套话,询问关于学校、工作或旅行的情况。然后,在停顿和清了清嗓子后,律师或财务顾问会说,成年子女的父母认为让他或她知道某些事情很重要,并开始讲述家族享有巨大的财富,随之而来的责任,如管理、监督、慈善等等。

接着,当年轻人继续礼貌地坐着而不说话时,专业人士会快速地(但不会过快)翻阅各种电子表格、流程图等。但是,当继承人看到最终的巨额数字后,专业人士所说的一切都成了画外音。当电子表格翻阅完成后,律师或顾问可能会要求提问。但你会问什么呢?最相关的问题——何时以及如何才能拿到这笔钱?——似乎非常不礼貌。聪明的继承人可以猜到,任何答案都可能被神秘地掩盖在复杂的故事之中。因此,会议以回到客套话结束,而半个小时前的一切既似乎是事实,又让人很奇怪。

这是老套的版本,但是像许多公式化流程一样,它经常发生,只是细节可能有所不同。更善于沟通的家族可能将"大揭秘"安排在家族会议中同时进行，这样年轻人就可以与家族的顾问团队会面。还有些家族则会慢慢透露这些信息，可能使用没有附加数字的视觉化图表来向年轻人说明家族的财产规划，只有在继承人20岁出头时才填写数字。每一步都是"大揭秘"中的一部分。

父母、祖父母和他们的顾问非常重视"大揭秘"的过程。他们可能花很多时间甚至几天来计划。但事实是，通常情况下，"大揭秘"并不算真正的揭秘。大多数孩子，甚至很年幼的孩子，知道家里有钱。大多数有钱家族的孩子知道他们的父母很富有，他们因为这些财富而享有各种特权。由于有了互联网，许多孩子对他们父母的房屋、车辆、企业等财富资本的具体价值和信息都非常了解。

那么，"大揭秘"更像是一种确认。那些在你的童年时期围绕着你的故事，你父母告诉你的含混不清的只言片语，关于好运、机遇和责任的机智建议："不要把你的信任放在钱上，而是把你的钱放在信托中！"；朋友、同学甚至老师的赞赏或羡慕的评论，突然间，这一切都变成真的。你将会（或者已经）变得很富有，"大揭秘"让它变得真实。之后，你可能会有一段时间的恍惚。你可能会用新的视角看待日常生活中的事物和人。无论你在良好的品格、财务知识或工作经验方面做了多么充分的准备——借用这本书里的形象比喻——"大揭秘"都是一颗"陨石"。它真正的影响可能在多年甚至几十年后才会显现，到那时真实的"大揭秘"充其量只是一个模糊的记忆，被大量的会议和文件、计划和项目所掩盖。

因此，告知这些信息可能不是什么新鲜事，但它仍然是一件很重要的大事。与其说是"震惊大揭秘"，不如说是"重要大事件"。

作为顾问，我们遇到父母、祖父母以及他们的顾问反复询问我们何时举行这个"大揭秘"。继承人应该多大时开始？18岁？21岁？25岁？晚一点好，还是早点更好？他们还会问我们该说什么，怎么说，以及在哪里说。他们当然也会问我们该做什么或说什么或教授什么，来为继承人准备这个"大揭秘"。

然而，我们都不记得有人问过："在'大揭秘'之后我们该怎么办？"这就是这一章的主题。因为"大揭秘"之后发生的事情是至关重要的。

下一步该做什么？

为了理解这一点，让我们暂时把"大揭秘"这个事件放在一边，来思考一下这个事件所涉及的内容。我们难以想象，突然获得数百万或数千万美元甚至更多，会是什么感觉。事先很难想象这种感觉，而当它发生时也很难理解。如前所述，这些影响只有在数年后才变得清晰。

同样，谁能想象给予如此巨大的财富意味着什么？你创造了自己的财富，那么你可能很擅长给别人机会、信任、时间、见解、关注或赞美等。当下的情况只是把钱送出去，而不要求什么回报吗？可能你自己在"送钱"的时候，会缺乏这方面的经验。

相反，如果你在富有的环境中长大，并且是从你的父母或祖父母那里得到财富的，你可能有很多接受财富的经验，但给予财富方面就没有那么多的经验了。

尽管如此，给予者赠予容易，而接受者接受却很难。为什么呢？这似乎与直觉相反。大多数人喜欢接受礼物，有些人会抱怨给予，特别是在送出大礼物时。小孩子不需要被教导如何吃蛋糕；他们需要被教导如何去分享它。但是，更好地给予依然比更好地接受要来得容易些。如果给予方是通过自己的努力赚到钱的，那么他或她可能会热爱这笔财富或企业，视之为自己的孩子，但他或她也感觉能够掌控它。他或她有自由去给予，因为这是他或她自己的东西，只要他或她认为合适，他或她就可以把它变成你的。而且，如果给予方发现自己需要更多，他或她可以创造更多。那些接受财富的人可能比那些通过自己的努力赚到钱的人更难将财富分配出去，因为正如我们所认识的某个继承人所说的："这是我所拥有的一切。"但是，如果这位继承人拥有足够的财富，超过实际的需要，那么他或她可以将多余的部分分配出去，并在去世后留下剩余的财产。对于习惯于接受的人来说，金钱并没有那么重要，它一直都在那里。

因此，尽管普遍缺乏准备，但给予者比接受巨大财富的接受者更容易去应对。他们的挑战在于完成某个动作，给予得当。接受者的挑战不在于接受，接受者的挑战在于过好生活。大多数给予者已经确立了他们的生活方式。那么接受者的未来生活方式将是什么？这是一个很大的问题。

接受者是否要像他或她的父母或被视为"家族创始人"的人一样追求赚钱？但如果他或她已经拥有了财富，赚钱又是为了什么呢？他或她可能仍然会坚持，因为他或她喜欢某个有利可图的领域，但这个问题仍然会萦绕在心头——"为什么？"这可能会使他或她在与竞争者的对决中变得更加软弱。或者，接受者想要追求艺术、学习、政治或冒险等其他生活方式，但是这是否会成为现实呢？所有值得追求的生活都需要奉献和艰苦努力。在许多情况下，大量财富会引诱其拥有者过着轻松愉悦的生活，削弱他们的雄心壮志，软化他们的欲望和精神。这对接受者提出了巨大的挑战，因为他或她不仅得到了一份好的礼物，他或她还需要创造出一个美好的生活。

暂 停

那么接受者要做什么呢？我们的答案是：暂停一下。这是关于钱的话题，而不是关于生活的。关于家族财富资本，我们希望接受者学会的词是"还没到时候"。

就像我们在本章开始时描述的老套场景一样，大多数接受者在20岁出头的时候经历了"大揭秘"，那就让它发生吧。随后让接受者与钱的关系远一点，让他或她对更多的邀请回答"还没到时候"。不要接收月结单，不要和受托人见面，不加入任何的家族委员会、家族会议或少年委员会等类似的组织。告诉接受者，他或她可以说"还没到时候"，只要他或她愿意，他或她可以不与这笔钱有任何关系，甚至10年之后再说。如果接受者因为某些重要的原因想要被分配些资金，并且接受者无法从其他地方获得资金,你或受托人可以考虑——但无须做出承诺。他或她应该继续生活,如同这笔钱不存在一样。

当然,钱的确存在,接受者知道这个事实。因此,在这段时间里,鉴于对金钱思考的暂停而不是生活的暂停,接受者将面对他或她真正的"恶龙"。他或她会怎么做?这是个问题。

一些接受者与"恶龙"搏斗;他们可能想把钱捐出去,或者投入减少不平等的事业中,以此来表达他们对所拥有财富的不满。其他人逃离它,假装它不存在。许多人只是呆住了:他们没有忽视它,但也没有采取行动。战斗、逃跑或变呆是对这样一颗"陨石"的完全自然的反应。

在这场考验中,许多其他人会提出各种各样的"应该做什么"的建议:你应该这样做,你应该那样做。"应该"是个美好的词,它意味着一种命令、一种道德观、一种关于什么是正确的信念,而不必解释这种命令的理由。

为了最大限度地帮助接受者,给予者和其他人必须创造空间。这是接受者的人生,不是给予者的。他或她必须自己创造生活。在他们做出决策之前,没有人能够预测他们会做出什么样的选择。这是他或她要探索的大陆或要描绘的风景。在他或她开始这个探险之前,没有人能够确定结果会是什么样子。接受者拥有自由——这既令人兴奋,也令人恐惧。退缩、撤退、等待、成为永久的学生或签约成为"管家"都是很容易的选择。当你知道自己有经济自由,可以什么都不做的时候,你很难弄清楚要专注于什么。

是的,这很难——但是我们已经看到了有人成功地做到了。我们认识一个农民,由于出现了家族成员的意外死亡,他在20多岁时从一个远亲那里继承了数亿美元。但他现在仍然是个农民,他热爱自己的生活。他不像邻居那样担心天气或拖拉机零件的价格,他不需要,也不想要那些花哨的东西。他的生活水平远远低于财富水平,他并没有拒绝或躲避财富。我们认识另一个继承人,他是一位成功的雕塑家。由于继承了财富,他过着舒适的生活,但这种舒适并没有让他远离自己的工作室。我们认识许多继承了巨额财富的学者。他们享受比同事更奢华的假期,也能轻松购买房屋。但除此之外,钱对他们来说并不那么重要。他们尽可能过好自己的生活。

接受者从骨子里感到困惑和痛苦并不罕见——这是一种能感知到的身体上的体验,而不仅仅是一种智力上的体验。"陨石"可以被视为一种创伤,并伴随着它所带来的创伤后应激反应。但这是一个让准备好的接受者寻求创伤后成长的机会:超越战斗、逃跑或变呆的反应,并利用这一经历来更多地了解自己,了解自己真正的梦想和愿望,了解自身的局限性和自己的渴望——最终走向繁荣。

这是关键所在——这是在理想情况下,这个暂停期间所发生的事情:接受者学会过他或她的生活,过着对自己有益的生活。接受者并不会无视那笔钱,也不会假装那笔钱不存在。可能他或她并不想追求金钱,也不会因为接受了钱就要通过赚更多的钱来证明自己的价值。相反,接受者按照他或她自己所需要的高标准来生活。即使任务是在家里照料他或她自己的花园,接受者也会努力做好,因为这是他或她的生活。这才是最重要的;重要的是生活本身,而不是金钱。

这是接受者在这段时间内必须学习的一课,也是这段时间的意义所在。在这方面,现在的家族可以利用长寿这个优势。在过去,一个年轻的继承人可能随时需要承担家族事务的责任。家族历史上充满了这样的故事:20多岁的年轻人因为战争或长辈突发疾病和死亡而不得不接管家族企业。如今,继承人可能要到60多岁甚至70多岁才能继承全部财产。由于金融行业的专业化和良好的法律法规,他们可能不需要自己来管理财富。好好利用自己的品格形成期——20多岁,甚至30多岁或40多岁。如果你是接受者,过好你的生活。知道钱在那里,就在你的大背景中。这就是你如何将它"融入"自己生活中的方式。

这种"融入"是圣伊格内修斯(St. Ignatius)在他的《灵修练习》一书中讲述的一个故事的重点。这个故事中有三个人,每个人都得到了一大笔钱。(伊格内修斯本人成长在一个富裕的家族,所以他知道自己所说的情况。)伊格内修斯说,第一个人急切地把钱花在他想要的东西上,然后哀叹失去了钱。相比之下,第二个人把钱推得离自己越远越好,藏起来甚至送人。第三个人则选择了不同的道路,他既没有花钱也没有送人;相反,他根据自己的人生目标用这笔钱做了自己想做的事情。他决定了钱的用途,钱并没有牵绊他。

要做到这一点,走第三条路是要有决心的。需要有决心,对抗金钱可以买到的快乐和奢侈。需要有决心,直面自己对金钱的恐惧,不让钱左右自己,也不要因为试图逃避金钱而将自己变得不像自己。需要有决心,不要让金钱成为你生活的中心——无论是成为一个想要赚钱的人,还是一个尽职尽责的管家,或者一个挥金如土的人。最重要的是,需要有决心去寻找、选择并坚持你认为对自己来说最好的生活。

人们在买车或买房时会表现出这种决心。但是,当涉及选择人生时,为什么会如此困难?为什么我们需要鼓励——确切地说,需要勇气——去追求和体验一种对我们有益的生活?部分原因是金钱带来的诱惑很大,诱惑人们屈服于自己内心中的软弱。这种诱惑借由"管理人"的身份来把自己绑在"责任感"上,使你不敢做出自己的选择。但另一个原因是,真正美好的生活——无论是作为农民、艺术家、教师,还是其他职业——不仅艰难,而且充满风险,你必须孤注一掷。然而,事实则是,我们以这样或那样的方式掷骰子——每个人都必须选择如何生活。即使你不必从事有报酬的工作,因为你不面临经济上的问题而必须工作,你也不能逃避这个选择,即如何生活的选择。

对于那些在奢侈环境中长大,或许还在著名、极为成功的父母或祖父母的阴影下成长的人来说,追求这种决心更加困难。这样的人可能已经听到很多次"拥有越多,责任越大"的说法。他们感到这种期望的压力,既是因为他们是某人的后代,也因为他们心里有预期会得到家族给予的财富。许多接受者觉得他们不应该辜负这些期望,他们应该证明自己值得被给予这么多。金钱显得非常重要。他们应该通过赚更多的钱来证明自己吗?还是把手头已有的财富守护和管理好?对于一个适合走这条路的人来说,无论哪条路都可以是一次美妙的旅程。但对于一个本该过着截然不同生活的人来说,这两条路都可能是陷阱。

勇　气

所以,延长这段暂停时间,尽可能长时间地继续说"还没到时候"。如果你是父母,有可能的话,让接受者 40 岁之后再开始参加董事会会议、与受托人交谈或请求信托分配资金。让他们拥有一个准备好了的生活,不是因为你没有告诉他们真相,而是这个真相太诱人。

无论财富多与少,我们每个人都可以选择追求繁荣。一个拥有大量财富的人很难去寻找和追求一种完全不被金钱所影响的生活。不过,接受者也有机会体验那种需要有财富支持的好生活:做一些美好的事情,而这些美好的事情,没有钱是做不到的。然而,问题不在于接受者是否能做到这些事情——当然,他或她有资源——而是这些活动是不是他或她的命运之路?不要仅仅因为你有钱就成为慈善家。如果你想成为农民、艺术家或教师,那就去做吧!

暂停的价值在于接受者了解自己,并继续这个学习过程。经验能教会接受者一种学习的心态,这在人生的所有阶段和活动中都是非常有价值的。

当然,如果你想追求那些只有用钱才能做好的活动,也有老师可以教你如何能够把这些活动做得更好,而不是做得更糟。但是,谁会帮助你在完全不考虑金钱的情况下,去引领自己的人生呢?或者,如伊格内修斯所说,对金钱保持"适度的冷漠"?

我们想象这个帮助者是一个坐在树下的老人,而接受者站在旁边,凝视着自己未来的人生大陆。老人并非为了教授接受者关于那片大陆的知识。他怎么可能知道呢?老人不知道那里的生活会是什么样子,甚至接受者也不知道。老人也不会教接受者某些技能,或给他或她某些特定的工具,因为同样的,老人也不知道接受者将需要什么工具或者技能。即使老人知道,他自己可能也不具备这些技能或工具。

正如我们前面所说的,老人在那里是要鼓励接受者,给他或她勇气,去做出这个未知的、无法预测的、令人兴奋却又让人害怕的尝试。为了更加形象地描述这项工作,我们喜欢用温水煮青蛙的故事。我们都知道,财富可以慢慢地诱惑年轻的继承人们,消耗他们的精神,就像温水煮青蛙一样。但是我们大多数人不知道从锅里跳出去会有怎样的风险。那只青蛙可能会想:"如果我掉到火里怎么办?"又或者,"锅里已经挺好的了——如果外面的世界不那么好呢?"青蛙在它跳起来并做出选择之前,是无法知道锅外的世界的。坐在树下的老人给了接受者迈出这一步的勇气。老人带着深深的同情,陪伴着接受者,与接受者一起接纳那个摆在他或她面前的充满挑战、风险和回报的未来。

因此,这个老人——他不一定非得是一个老人,也可以是一位女性,甚至是一个年轻人——跨越了接受者在他或她跳出去之前和之后的生活。他也可能是接受者生命中少数洞察金钱真相的人之一。他还可能是暂停状态的保存者和捍卫者——这是关于金钱的暂停,目的是给生命留出空间。因此,树下的老人是对金钱的提醒,同时也是一个安全的提醒:既不诱人也不可怕。最重要的是,他提醒你要关注自己。因为他了解金钱的属性,知道它可能意味着什么,所以他可以不断提醒你不要过于关注金钱,而是要更加关注自己。

第六章 父 母

给 予

在这一章中,我们来研究在拥有大量财富的家族中作为父母的角色。我们从一个基本活动的角度来看待这个角色:给予。

馈赠是家族的命脉。父母为子女提供照顾、教育、住所、衣服等。在拥有大量财富的家族中,馈赠扮演着一个重要的角色,但常常不为人所知。它的形式可以是年度免税赠予、学费馈赠、信托利益、企业股份和遗产赠予。如何给予这些馈赠可能会决定孩子们是否会过上幸福、充实的生活,或者他们是否会过上需要靠补贴、依赖和安于享乐的生活。

明智地给予的关键是认识到每一份真正的馈赠都不仅仅是金钱或财产。它承载着精神。虽然是无形的,但馈赠的精神让一切变得不同。正如古罗马哲学家塞内卡(Seneca)在两千年前所写的那样:"礼物已然赠出,就应当被接受。"不情愿的馈赠得不到感激,这有什么奇怪的吗?或者,如果馈赠的目的是税收最小化,那么这样的馈赠还应该被视为慷慨的体现吗?

这种精神通常表达了给予者的意图,例如,促进接受者的教育,提供美丽的居所并抚育家庭,或者提醒接受者,关于在世的或者离世的亲人的爱。真正的馈赠能促进给予者和接受者的成长和自由。

但是大多数我们想象中的馈赠并不是真正的馈赠。它们是财产转移,而财产转移缺少精神的内涵。这种方式将资产从一个资产负债表转移到另一个资产负债表,而且经常让给予者和接受者都觉得有附加条件。随着时间的推移,财产转移这种方式削弱了接受者的自我认知,破坏了他们的独立性,并导致补贴感或依赖感。

尽管大多数馈赠是以财产转移的方式开始的,但它们并不必以这种方式结束。财产转移可以转变为馈赠。本章的其余部分总结了一些经验,可以帮助你实现这种转变——或者从一开始就做到真正的馈赠。

认识你自己

用精神馈赠礼物,首先要问出正确的问题。当大多数人考虑给予时,他们会从自己希望给予的东西开始(现金、股票、债券、汽车、度假屋等),或者他们会很快问自己应该如何给予(直接给予、信托、贷款等)。这些问题占据了遗产规划的大部分时间。

原因在于,在这些规划的对话中有很多都关注于如何减少税收。就这件事情本身来说,的确是一个很好的目标。但是它没有触及馈赠的最终目的和结果。只关注节税可能会实现看似一时的胜利,但长期来看却是一种损失。

首先,最重要的问题不是关于"什么"或"如何做",而是关于"谁"。从人开始,而不是从财产或流程开始。从你自己开始,作为给予者,你是谁?

"认识你自己"是最好的策略。下面的问题有助于实现这一目标:

- 你想用这份礼物达到什么目的?
- 它反映了你的价值观吗?
- 它给你带来快乐了吗?

提出这些问题很简单,但想通这些问题往往很困难。给自己时间和空间来表达、思考和理解你所做的给予的动机。

有时候,我们会在做出馈赠后感到懊悔。"我做了什么?"这是我们从许多家族成员那里听到的感叹,有时是在签署规划文件的几分钟后,有时是在几个月甚至几年后。这种"给予者的懊悔"是痛苦的,但我们也可以从中吸取教训。这往往表明,需要开始对接受者进行教育,让他了解即将收到的馈赠。

另一个给予者需要关注的感受是内疚。有些馈赠出于爱,其他则出于内疚。也许给予者觉得他们没有给接受者足够的时间和关爱,也许他们想弥补过去的伤害。你不需要评判这些感觉,但是看到和处理这种感受是至关重要的。出于内疚而做出的馈赠让给予者和接受者都不会有好的感觉。

事无巨细

在礼物的循环中,下一个要考虑"谁"是接受者。许多财产转移中把接受者视为"先做再想"的对象。接受者被认为是被动的,他们可能还年轻,性格还没有定型,甚至可能还没有出生。但是要明智地给予,你需要关心接受者。给予就像一场接球游戏:如果你不知道你要扔给谁,你又怎么知道扔球的力度和距离?

用第四章中的一个比喻来说,每一件礼物都像陨石,从给予者飞到接受者手中。这些陨石进入接受者的大气层并对接受者产生影响。问题是你的陨石包含了什么:是爱吗?是内疚吗?是自由还是控制?这些问题的答案将对你的接受者能否将陨石融入他们的生活产生巨大的影响。

正如你应该反思自己作为给予者的角色,你也应该替接受者想一想,提出如下问题:

- 接受者的年龄有多大,发展阶段是什么?
- 接受者的性情如何?
- 性格呢,接受者的性格已经定型,还是仍在成长?
- 你信任接受者吗?

这些问题的答案会让你开始思考第二层问题:什么时候给予,怎样给予？例如，如果你的接受者非常年轻，甚至还未出生，你的下一个问题可能是谁可以作为受托人，在某一天与接受者一起传承你所馈赠的精神？

多少钱才足够？公平还是平等？

思考每个接受者是谁，自然会引出另外两个非常常见的问题：对我的孩子来说，多少钱才足够？我应该给他们每个人平均数量吗？

"多少钱"这个问题的答案取决于给予者和接受者。多少钱对你来说算够了？生活需要多少钱？你一生中想给别人（包括慈善机构）多少钱？你想给继承人留下多少？你想设定什么样的生活标准？除非你告诉孩子要有不同的期待，否则你的选择——开的车、住的房子、度假的地方——将塑造他们的期待。一旦你弄清楚多少钱对自己来说是足够的，然后就用之前问过我们自己的问题来思考：对于子女或孙辈，多少钱算足够？

平等是家族的另一个主要考虑的因素。孩子们有不同的能力、抱负和需求，因此，父母经常在孩子生命的不同阶段，给予他们不同程度的关注、关心和建议。但是当涉及金钱或财产时，不平等的给予很容易导致感情伤害、怨恨，甚至带来冲突。这就是为什么，除非特殊情况需要，否则我们一般建议父母在他们的财务馈赠上遵循平等的原则。在特殊情况下，如在儿童残疾或无法独立生活的情况下，可能有合理的理由不按平等的方式分配。在这种情况下，尽早清楚地表达你的理由是非常重要的，这样就不会让大家感觉到意外了。

沟通和控制

一旦你对自己和接受者有了一些了解，也许最重要的智慧地给予的因素就是沟通。礼物不能自己说话，礼物的精神需要用沟通来表达。

正如萧伯纳（George Bernard Shaw）所说："沟通的最大敌人是以为已经沟通完了的错觉。"真正的沟通需要勇气和有意识的努力。

许多父母问："我应该在什么时候告诉孩子我们有多少财富?"没有一个固定时间,也不是只有一个信息。由于担心造成伤害,人们通常都会花太长的时间等待,花太少的时间进行沟通。等待是很正常的,因为我们都想为我们的孩子做到最好,尽量不犯错误。(我们将在第十四章更详细地分享如何向年幼孩子沟通有关财富的问题。)

尽管存在这些担忧,但在涉及青少年孩子时,我们建议父母与孩子进行更多的交流,宜早不宜迟。事实上,由于互联网、朋友之间的交流以及他们自己的观察,大多数青少年或年轻人所知道的信息比父母愿意承认的要多。等待和保密会带来巨大的机会成本。分享一些信息将是倾听并了解孩子反应的机会。

当然,良好的沟通源于充分的准备。太多时候,遗产规划或给予馈赠是经过家族成员之间或与顾问之间的一系列电子邮件和电话而完成的。在如此少的沟通中,很难记住匆忙中发生的重要事情。如果你有过这样的经历,那就向你的顾问索要一页纸的新信托、新计划或新馈赠的摘要,并划出关键条款和信息,并将这份摘要作为思考如何沟通的起点。

你可以和顾问采取的另一个步骤是,创建一个实际的沟通计划。顺畅给予的过程很难,和你的孩子或孙子谈论馈赠可能更难。降低难度的方法是,制订一个沟通计划,在正确的时间、以正确的方式、与正确的接受者分享关于馈赠的消息。一个好的计划包括沟通的内容、语气和过程。在馈赠最终确定之前,沟通计划不需要很完善。但是你知道有资源来帮助自己创建这个计划,可能在问题出现之前,就有助于缓解你的任何疑虑。

沟通是给予的一个方面,它让我们直面控制的问题。对于大多数给予者来说,控制是一个大问题。正如一位族长告诉我们的:"我的孩子们告诉我,我正试图从坟墓中控制他们。我告诉他们,他们是对的!"许多给予者认为,沟通意味着放弃控制。

不一定是这样的。关键是要计划好你的沟通,这样就可以管理你想要揭示的信息,并从这个过程中学习。例如,我们经常建议家族先分享某些信托的存在和关于信托如何运作的信息,但暂时不分享数字。接受者提出的问题,或他们对你分享的内容的反应,可以帮助你决定之后是否要分享更多内容以及何时分享。

此外,永远记住,讨论一件事并不等同于决定这件事或将决定权委托给接受者。当你和成年子女分享对于馈赠的想法时,要清晰地进行警告和提示,你还没有做任何决定,并保留改变主意的权利。在给予前就分享你的想法,可以更好地判断时间、数字和沟通工具是否适合接受者。

这样的方法同样适用于真实的给予。从小处着手,从接受者的行为中了解他或她是否准备好接受更大的馈赠。例如,我们认识的一位家长在女儿大学一年级开学时给了她1万美元,这笔钱是用来支付这位年轻女子接下来4年的开销的。然而,这笔钱大概只用了4个月。这个母亲并没有责备女儿,而是反思自己如果在18岁的时候收到这样一笔钱,也可能会如此的使用不当。后来,她们共同制定了一个预算,设计了合理的开销,并帮助女儿找到一份工作来支付这些开销。

这个例子给即将步入成年的孩子的父母上了一堂重要的课,这些孩子在18岁到25岁之间。这是他们探索独立性的重要时期,同时也在一定程度上依赖学校和父母来获得安全感。对于所有的父母和孩子来说,这是一个艰难的时期。巨大的财富会让它变得更加艰难。在这个时期,法律要求父母告知孩子关于他们的信托的事项。这也是许多孩子收到重要馈赠的时候,或者挥霍掉这些礼物的时候。如果父母因为这些错误而批评稚嫩的年轻人,这种耻辱会伴随其一生,阻碍年轻人学习健康的财富管理方式。相反,可以把这一时期视为试验期:一些试验成功了,有些则不行。我们可以从这个过程中学习到很多。

祖父母的给予

祖父母的顺畅给予就更复杂了。

例如,我们曾经和一位祖父(我们称他为弗兰克)合作,他有三个成年子女和十几个孙子孙女。弗兰克从父母那里继承了大量的财富,当初父母是以几个家族信托持有的形式创建了一个大企业。作为遗产规划的一部分,他正在考虑如何重组这些家族信托。他想出了一个计划,跳过他的子女这一代,把一大笔钱留给孙辈,以此来节省很多税款。

他的计划在技术层面是合理的,当时,我们问弗兰克,他的计划与他的价值观是否一致。他是一个非常独立的人,最重要的是,他重视自主权。我们问:"这个计划如何符合自主权?"他想了一会儿,然后意识到他正在进行一项将对孙辈的生活产生巨大影响的财富给予,但他没有与他的孩子,也就是孙辈的父母讨论过。

弗兰克的例子为希望传承给孙辈的祖父母们提供了一些重要的教训:

1. 就像任何馈赠一样,要清楚自己的价值观,然后问自己的行为是否与价值观一致。

2. 与子女的沟通至关重要。如果是你自己,不仅没有得到财富,还失去了决定财富的最佳用途的机会,你会有什么感觉?与你相比,你的孩子和他们的配偶可能会对孙辈如何使用这笔财富产生更大的影响——可能是好影响,也可能是坏影响。要尽可能让他们成为你的伙伴,帮助你增加产生积极影响的机会。

3. 向你的孩子和他们的配偶学习。他们可能最了解你的孙辈,与他们讨论,让他们参与到一场关于什么能真正让每个孙辈受益的对话中。在弗兰克的案例中,这些对话引导他直接赠予了一部分财富,另一部分设置为信托。由于他请子女及其配偶参与这些讨论,所以每个人都清楚他做出不同选择的原因。

请记住,让成年子女参与关于他们的子女的最大利益的谈话,并不意味着你向他们放弃你做决定的权利。

还有一个实用的观点,我们将在第十八章详细讲述:讲故事。祖父母是天生的故事讲述者。这些故事在几代人之间形成纽带,并使家族的价值观具体化。如果故事能让后代感受到是父辈的辛勤劳动创造了家族财富,那就更重要了。在孙辈们了解他们的信托基金的美元价值之前,他们就可以从关于事业和关爱的故事中受益,无论是失败的故事还是成功的故事,正是这些造就了他们的家族。

放　手

即使你采取了所有这些措施,进行重要的赠予时仍然会自然而然地感到担忧。赠予是自带力量的,你无法预知所有的后果。因此,智慧地进行赠予有一个组成因素——就像为人父母一般——是承认现实,即我们无法像我们想象中的一样来控制所有的事情。我们只能控制自己说什么、做什么,以及如何应对事件。最大的控制来自自信,无论发生什么,你都能处理好。[1]

---

[1] 想要了解更多关于在财富中养育子女的信息,请参阅 Ellen Miley Perry, *A Wealth of Possibilities* (Washington, DC: Egremont Press, 2012)中的第二章"做伟大的父母"。

第七章　配　偶

棘手的问题

谈论金钱已经够难的了，同时谈论爱情和金钱使问题的难度成倍地增加。这是拥有大量财富的夫妻们所面临的挑战。

在本章中，我们将针对几个特别困难的情况来应对这一挑战：处理财务不平等，澄清遗产规划或赠予中的意愿，以及在混合家族的背景下做出选择。稍后，在第十五章，我们将讨论婚前协议的使用。

财务差异

在许多拥有大量财富的婚姻中，一方比另一方拥有更多的财富资本，或者婚姻中的一方创造了更多的财富资本。传统上，这个人通常是男性。由于人口和社会的变化，现在这个人通常是女性。但无论是哪种情况，夫妻双方都必须应对财务差异带来的压力。

通常，他们不得不在没有外部支持的情况下解决这个问题。虽然有很多婚姻顾问，但很少有人觉得自己有能力帮助夫妻处理财务差异问题。这是一个难以直接面对的话题，因为拥有更多财富资本的人往往带着罪恶和恐惧的混合心态对待这个话题：对拥有财富产生罪恶感，同时害怕被利用。

那么夫妻能做什么呢？迎接这一挑战有两个关键：

1. 主动关心彼此以及拥有同理心。
2. 每一方都觉得自给自足和有能力。

主动关心彼此以及拥有同理心

当然，这是任何关系的基础。为此，有时尊重不在恋爱关系早期谈论金钱的禁忌是一件好事。不要和未来的伴侣谈论金钱，这可以让关系是基于你是谁，而不是你拥有或可能拥有什么而发展和加强。

同样，依靠自己的收入并开始独立生活也是一件好事。这对个人来说是一个积极的经历——知道你可以养活自己。这对夫妻双方也有好处，因为你们学会了如何共同决策和管理财富。

最重要的是，确保重视双方的所有贡献。最重要的贡献往往不是财务上的。在任何财务差异的情况下，换位思考都是应对措施的关键所在。

每一方都感到自给自足和有能力

在这一点上，夫妻中的任何一个人都应该经历我们在第四章中描述的过程。自给自足的真正基础是通过工作、良好的人际关系和沟通来了解和识别自己的优势。如果你要处理好与他人的财务差异关系，首先要弄清楚自己的现实：不仅要弄清楚你拥有什么，还要弄清楚你是谁。

每个配偶也应该对家庭的财务状况有合理的了解。这可能意味着做一些关于投资的独立学习，去参加研讨会，或者参加家族企业的商业会议。夫妻双方也应该感到他们可以直接与彼此的财务顾问交谈。拥有这种关系不仅对夫妻双方的能力感很重要，而且如果一方发生了什么事，另一方也不会感到被蒙在鼓里。

除了这两个关键因素，我们还看到帮助夫妻应对财务差异挑战的其他做法包括：

1. 在假期中尊重双方家族，而不仅仅是有财富资本的一方。

2. 积极主动地解决财务差异现象，而不是闭口不谈。

3. 在家族会议上与其他家族成员交谈财务差异的话题，他们可能针对这个话题有重要见解要分享，来打破一直笼罩在这个话题上的沉默。

财务差异的一个常见后果是，拥有更多财富资本的一方可能被其他经济条件较差的家族成员要求提供贷款和赠予，或其他形式的财务支持。这可能会让人感觉到非常不舒服。

解决向经济条件较差的家族成员提供财务支持问题的第一步是，作为夫妻一起讨论，以确保无论你们做出什么决定，这个决定都是团结一致的。接下来，如果你打算采取行动，要清楚自己的动机：是你自己的需求——想要被喜欢或相处融洽而不引起麻烦——而不是对方真正的需要激励了你吗？最后，明确你的行动方式和目标。比如，你是在提供赠予还是贷款？如果这真的是一笔贷款，应该签署贷款协议，并确保条款是非常明确的——需要多长时间偿还，以及收取的利息（如果有的话），并且双方都有一份副本。然而，很多时候，家族成员会将赠予伪装成贷款来保全面子，而每个人都知道所谓的贷款永远不会偿还。只要你以后不决定重新讨论这些模糊的条款并要求偿还这笔贷款，那他们就可以当这笔贷款不存在。再次强调，在做出承诺之前说清楚这些问题，将会在未来彼此相处的道路上减少很多痛苦。

三步走的流程

有了这种同理心，夫妻可以开始制定家族财富以及财富带来的选择的共同愿景。夫妻面临的选择通常关注遗产规划和赠予。根据我们的同事、哈佛大学前高级慈善顾问查尔斯·科利尔（Charles Collier）对几十个

家族的研究,他建议对这些非常重要的对话采取三步走的方法[1]:

1. 阐明你的个人观点。
2. 彼此分享清晰的意见。
3. 然后作为夫妻决定其他事情。

第一步是阐明你个人的价值观和梦想,以及你面临的选择。要自己单独完成这一步。花些时间用你的笔记本电脑或纸笔,写下你认为重要的内容。不要根据你的伴侣可能认为对的想法进行书写。太多时候,沟通会中断或无法开始,因为我们试图回应别人的观点(或我们认为是别人的观点),而不是明确自己的信念。作为夫妻来管理财富,需要双方都有这种清晰的认识。

一旦你完成了个人工作,进入第二步。这里的目标是坦诚相待。你们可能不会在所有观点上达成一致,关键是找出你们之间的差异,讨论它们,并尊重它们。你可能会发现在你认为没有差异的地方出现了差异,在你没有预料到会有共识的地方出现了共识。

当然,这一步的关键是倾听。这是一项很难学习的技能。我们鼓励夫妻中的每一个人依次发言,而另一个人则倾听,不要打断。然后,听的一方可以提出澄清性的问题,但不应反驳或提出自己的观点。只有在一个人发言完毕后,另一个人才能发言。

很多时候,夫妻发现从第二步又回到了第一步。举例来说,谈论为孩子设立信托、将资金再投资于企业,或购买新房子,这变成了一个反复思考、分享和再思考的迭代过程。

第三步是向前看。一旦你们确定了各自的信念,一条前进的道路就会出现。这条路可能不是你们中任何一个人所预测的。这可能意味着推迟选择或比预期更快地前进;这可能意味着与你的孩子或其他家族成员分享信息,或者决定保持沉默,在未来的某一天重新讨论这个话题。无论行动或交流的选择是什么,你们都会针对这个答案达成真正的共识。

---

[1] Charles Collier,"Financial Inheritance as a Family Conversation,"July 2011. 哈佛大学发展办公室可提供复印材料。

科利尔的三步法是一个强有力的工具。但它不是容易使用的工具，它需要时间和耐心。如果你坚持下去，它可以极大地加强你们夫妻之间的关系，也可以加强你和其他家族成员之间的关系。

让我们再来回顾一下萧伯纳的名言："沟通的最大敌人是以为已经沟通完了的错觉。"这个三步走的流程提供了克服这个障碍的方法。

配偶和家族会议

在本章的前半部分，我们提到邀请配偶参加家族会议是有帮助的，这样使配偶双方都能更好地了解家族企业。如果你有孩子，这一点尤其重要，因为他们的祖父母或大家族做出的选择可能会影响他们。此外，如果配偶不了解家族企业，他或她就很难成为在拥有财富的状态下抚养孩子的有效伙伴。你不能教自己也不知道的东西。

出于这些原因，当家族问我们："我们应该邀请配偶参加家族会议吗?"我们通常会回答："当然。"这种回答带有一些提醒。首先，如果你是组织家族会议的母亲或父亲，最好询问你的成年子女是否希望他们的配偶参加。这一询问显示了你对他们婚姻关系的尊重，也给他们及其配偶时间去思考以及谈论配偶参加会议的利弊。

如果答案是"是的"，你不需要让配偶一开始就加入整个会议。也许有些部分更具一般性或教育性，与讨论更敏感问题的董事会会议或执行会议不同。和任何家族成员一样，配偶应该通过做必要的准备工作、准时参加会议并参加讨论，来表明他们对会议的认真态度。

如果家族采取这些措施，配偶的参与会是一股巨大的力量。正如我们在第二章中所说的，长期成功的家族认为自己不是由血缘而是由亲缘联系在一起的。这样做可以让他们整合姻亲的学习、动力、同理心和其他优势。

混合家族

离婚或父母去世后,聚合家族成员绝非易事,处理继子女和金钱问题更是难上加难。为了在这种情况下有效地进行有关家族财富的对话,我们建议根据混合家族的特点调整三步走的流程。使用这个流程可以帮助配偶解决核心问题,同时管理好自己的情绪。

同样,从你们作为夫妻的关系和你们的原则开始。在这种情况下,你们的谈话可以集中在这样的问题上,比如你如何看待与第二任配偶和他或她的孩子分享你的一些财富,你认为这样的遗产意味着什么;如果因为你的第二次婚姻造成你的孩子必须等待继承权,你会有什么顾虑。这些问题很难回答,所以在这些对话中,试着耐心对待你自己和伴侣。

然后,在第二步,征求你的孩子和继子女的意见。你如何做将取决于家族的状态。有些父母会邀请所有的孩子参加同一个会议,共同交流,其他人则一个一个孩子沟通,还有一些人邀请每个孩子先和他或她的亲生父母对话,再与继父母一起沟通。无论你采取哪种方式,目标仍然是听听孩子们想说什么。查尔斯·科利尔建议用来引出他们想法的问题是:"你对遗产的期望是什么?你如何看待来自你的继母或继父的遗产的意义?"

在明确了你们作为夫妻的原则和计划,并听取了孩子的意见后,第三步的目标是交流你们的计划。同样,你如何做到这一点——每个孩子分别沟通,还是将他们作为一个群体——将取决于你的家族。关键是在这个过程中,肯定他们是家族中受尊重的成员,而你们是恩爱的夫妻。

我们强调在处理一个混合家族的关系时,同理心是最为重要的,用同理心去面对作为配偶的彼此,用同理心去面对来自先前婚姻的孩子。

我们也建议,在可能的情况下,遗嘱和计划应该在所有当事人仍然在世时解决。利用你们在一起的时候,使用文件和家族聚会来明确你们的意愿。

第八章　长　者

"长者自有其荣誉与辛劳"

随着人们的寿命越来越长、生活越来越健康，家族企业经历跨越多代传承的情况越来越多。与此同时，我们社会的现状是颂扬青春，而不是老年。这种情况引发了两个问题：

1. 家族给老一辈的合适角色和定位是什么？
2. 老一辈如何在家族事务中保持活跃，以符合他们资深的地位，同时又让他们的孩子有机会成长和领导家族？

如果你是一位长者，你给家族企业带来了什么礼物？每个家族都会对这个问题给出自己的答案。然而，我们已经在历史和实践中看到了一些模式，表明成功的长者可能会扮演以下的几种角色：

- 讲述家族故事。
- 提醒家族领袖遵守家族商定的共同准则，并在治理过程中反映家族的价值观和目标。
- 有效调解家族内部纠纷。
- 主持家族仪式。

作为一个长者，你的故事给了这个家族一份至关重要的礼物：一种与任何其他家族不同的感觉。如果你的家族有清晰的谱系，它自然会从几代人的思维里汲取力量。

长者们还会提醒家族领袖关于家族约定的共同准则、价值观和目标。家族经常陷入惯性模式，使重要的见解或实践无人关注。长者凭借他们的经验，作为家族的记忆载体，使过去的协议和决定保持活力。

长辈给家族的第三个礼物是调解家族纠纷。无论是在古代部落还是在现代工业化社会，人类都寻求他们的长者的帮助来调解冲突。通常，这些长者会帮助双方将争端从已建立的联盟或法律程序的框架中抽离出来，这样问题就可以更加非正式和直接地得到解决。

长者带来的第四个礼物是主持家族的仪式。仪式结合了娱乐和严肃，自由和控制。因此，仪式不仅需要管理，还需要授权。它们需要一个能赢得尊重的人来主持——这种权威超越了投票或头衔。

一个家族可能还没有适合这四项任务的长者，因此，我们经常看到家族以外的人介入进来。这些外部人员可能是长期的家族朋友，也可能是熟悉家族成员的法律、财务或人力资源专业的值得信任的顾问。再次强调，最成功的家族是建立在亲缘关系而非血缘关系上的。如果你的家族还没有自己的长者，你很可能会让这些外面的长者和你一起工作，直到一个真正的长者从你的家族成员中出现。

就像丁尼生（Tennyson）在诗中所述的尤利西斯诗句一样："老人常感自己多余"，但这四个角色会让长者有机会为家族和自己创造幸福。

特　征

长者不仅仅是指年长的人，尽管许多长者年事已高。真正成为长者需要一些特定品质的发展。我们用这四个词来概括这些品质：洞察力、谨慎、纪律性和发现力。

洞察力

长者有能力筛选复杂的事情。这种洞察力包括暂停急于得出结论或马上采取行动的倾向,还包括看出某种情况和其他情况之间的相似之处和不同之处。洞察力为家族中的其他成员树立了仔细思考的榜样。

谨慎

长者看得多、听得多,话却少。他们倾听。他们知道什么时候让家族系统自己解决问题,不需要指导或强制。他们很有耐心。他们也知道什么时候为了共同利益而进行干预。在汲取先辈智慧的同时,长者们权衡自己的言行,不仅着眼于今天或今年,还着眼于遥远的未来。

纪律性

长者有一种内在的控制感。这种内在的控制感给了他们很强的自由感。这也让他们能够维护家族共同的规范和规则。通过约束自己,他们为他人提供了一个榜样。

发现力

通过来之不易的经验,长者知道评估比行动更重要。他们向每个家族成员学习。他们寻找成员、分支和大家族之间的差异。他们也在家族之外寻找能与其他家族成员分享的智慧来源。

怎样才能找到一个长者呢?他们很稀有。首先,在你的家族中寻找那些总是提出问题的人。那是长者的特有模式。其次,寻找那些其他人期待能召集家族的人。这样的聚会可能是为了家族聚会,或者是为了节日,或者仅仅是为了聚餐。最后,听故事。如前所述,长者工作的一部分是讲述家族的故事。如果你跟着故事走,你可能会找到一位长者。

两种做法

长者经常以非正式的方式履行他们在家族中的职责——这里说一句明智的话,那里给出一点鼓励。我们也看到家族设置了更正式的场合,让长者可以在其中开展他们的工作。这里有两个例子,你可以在自己的家族中考虑采用。

第一个是我们所说的"智慧委员会"。它构成了家族治理体系的一个特殊部分。(我们将在第二十章详细讨论家族治理。)它将难以运用的家族智慧结构化地放置在系统中。

例如,在撰写家族治理文件时,我们有时会这样描述智慧委员会:

组成智慧委员会的家族成员是家族积累的智慧的守护者:家族的故事、共同的历史、价值观和愿景。他们在家族纠纷中提供建议。必要时,委员会可以成为家族司法的功能部分。他们的角色是仔细倾听,建议行动方案,并根据他们的身份、历史和重要性,鼓励解决手头的问题。如果无法解决,智慧委员会有权请求外部调解。

家族委员会根据被提名者对家族的深刻了解以及他们的个人智慧和生活经验,任命智慧委员会的成员。如果家族委员会认为某个成员不再有能力继续担任这一重要职务,家族委员会可以将这个成员从智慧委员会中除名。

家族委员会可以分配适当的责任给智慧委员会,包括决定家族成员是否有资格成为家族大会的投票成员。此外,如果家族委员会认为适合,可以将任何家族内部纠纷,包括家族成员与家族委员会或家族企业的任何部分之间的争端委托给智慧委员会来解决。

正如你从这些段落中看到的,智慧委员会存在于一个更大的结构中,由家族委员会监督。但它超越了家族企业其他部门的日常工作、月度工作甚至年度工作。它专注于家族的真正血统:故事、价值观和愿景。它也是家族友谊的最终捍卫者。智慧委员会提供了一个可信赖的交流途径来调解分歧,而不是让争端转入地下。

智慧委员会不能自行行动,它必须被邀请来审议一个问题或充当调解人。如果没有人提出请求,那么智慧委员会必须保持沉默。

另一个我们看到长者有效发挥作用的实践是作为"信托保护人"(这里不深入讨论信托保护人)。可以说,信托保护人在传统上是在信托文件

中指定的个人或权威机构,通常具有以下权限:

- 罢免或任命受托人。
- 出于税务目的修改信托。
- 修改受益人的权益。
- 修改任命权。
- 变更适用的信托法。
- 终止信托。

正如这个列表所表明的,信托保护人可能非常有权力,有时感觉好像信托保护人是一种超级受托人。因此,这里会出现一些混淆。

然而,作为一个长者的适当角色,我们在这里想到的是信托保护人,成为信托的捍卫者,即委托人(设立信托的人)、受托人和受益人之间关系的捍卫者。这三者之间的误解甚至争执并不少见。那么,如果家族中的一个智慧的成员被授权充当这种"信托场景"的调解人,那该是多么美好啊!

为了担任这个角色,长者应当获得权力可以要求进行一次年度对话,以保持对受托人和受益人的熟悉程度。这个对话可以简单地围绕如下问题展开:"这个信托怎么样了?"在发生分歧或潜在冲突的情况下,信托保护人应该询问每一方:"你可能会对这种情况做出什么贡献?"这里的想法是让长者利用他或她的特殊权力鼓励双方加深对情况和彼此的理解。

与传统的信托保护人不同——传统的信托保护人可能有权完全凭自己的意愿介入并做出重大改变——我们鼓励将长者型信托保护人设计为一个不采取进一步行动的角色,除非受益人(可能还有受托人)提出要求。作为对这种要求的回应,长者可以有权撤换受托人,或者不采取任何行动。但是,无论采取什么行动,都只有在长者召集受托人和受益人进行深思熟虑的谈话后才会发生,并且是基于长者对信托及其关系的深刻理解。

第九章　受托人和受益人

人际关系

在世界各地,在任何由英国普通法形成的社区,信托在许多家族的财富中都发挥着核心作用。家族成员设立信托的原因通常包括:

● 税收最小化:将家族资产置于税务当局管辖范围之外,包含所得税和转移税(如遗产税、赠与税和隔代税等)。

● 资产保护:减小受益人的债权人或心怀不满的前配偶染指家族资产的可能性。

● 控制:让创始人的代表控制创始人领导的企业和/或确保受益人以信托委托人认为最好的理由、时间、方式和金额获得家族资金。

这些动机本身没有任何问题。但在多年的咨询中,我们看到了一些普遍趋势。这些年来,有些信托委托人因怀着建立经得起几代人考验的信托的梦想而备受煎熬,也有些受益人发现自己陷入梦想的黑洞:

● 通常,人们觉得信托令人困惑和不透明。

● 设立信托的原因通常是为了确保到家族的第三代时,超过90%的资产已经被"信托浪潮"转移到信托中。

● 信托令人困惑和复杂的本质——以及习惯性地对任何与金钱有关的事情保持沉默——最终导致超过80%的受益人觉得他们的信托是一种

负担,而不是一种祝福。

● 信托浪潮和这种负担感的结合增加了家族的熵,以极快的速度溶解了他们的人力和财富资本。

因此,在很多情况下,最初作为保护家族财富的一种方式,往往最终成为财富流失的主要原因。

这种流失背后的因素是情感和关系,而不是法律或财务。很多案例的反馈都很相似。无论你已经建立了许多信托,还是正在考虑第一次建立信托,我们都鼓励你首先考虑以下三个问题:

1. 如何让受益人将他们的信托视为祝福而非负担?

2. 所有信托的受益人如何确保这些信托主要体现人际关系,然后才是法律关系?

3. 如果你的受托人不得不在明天终止信托并分配其资产,如何才能让受托人和受益人感到更加安全,使受益人能够成功地将这些资产融入他或她的生活中?

这些问题将受托人和受益人的注意力集中在改善信托对人际关系的后果上。在接下来的内容中,我们将总结一些我们为实现这一目标而提出的建议。

叙 述

如果要改变我们对信托的思考和行为方式,首先需要了解我们是如何看待信托的。

我们对信托或其他任何事情的想法通常采取叙述的形式,即信念、假设或故事的结合。对"信托婴儿"的恐惧可能是你叙述的一部分。"信托等于不信任"的观念也可能如此。或者,如果你有一个朋友的信托在艰难时期帮助保护了他/她的资产,这将是你关于信托的叙述的积极部分。

为了评估你的叙述,问你自己以下这些问题:

● 关于信托的叙述是什么?

- 关于受托人的叙述是什么？
- 关于受益人的叙述是什么？
- 关于给予的叙述是什么？
- 关于接受的叙述是什么？

一旦你对自己的叙述更加清楚，你就可以开始改变谈论信托的方式。

为此，问一问自己，你认为信托主要是什么：文件？法律结构？保管资产的容器？税收策略？还是有意义的关系？

不出所料，当我们向富有人群询问这个问题时，几乎90%的人会选择前四个答案中的一个，只有大约10%的人认为信托主要是一种有意义的关系。然而，在法律和实践中，这就是信托的本质：委托人（设立信托的人）、受托人（信托资产的合法所有人）和受益人（从信托资产中获得某种利益的人）之间的关系。对于这种关系来说，文件、账目、节税等都是次要的。

为了强调所涉及的关系，我们鼓励你不仅要考虑信托，还要考虑更广泛的信托场景。信托场景是围绕信托形成的关系的集合。在最简单的情况下，它可能仅限于委托人、受托人和受益人。在许多家族中，它可能很快会包括多个受益人、多个受托人、信托保护人、顾问和其他人（见图9.1）。

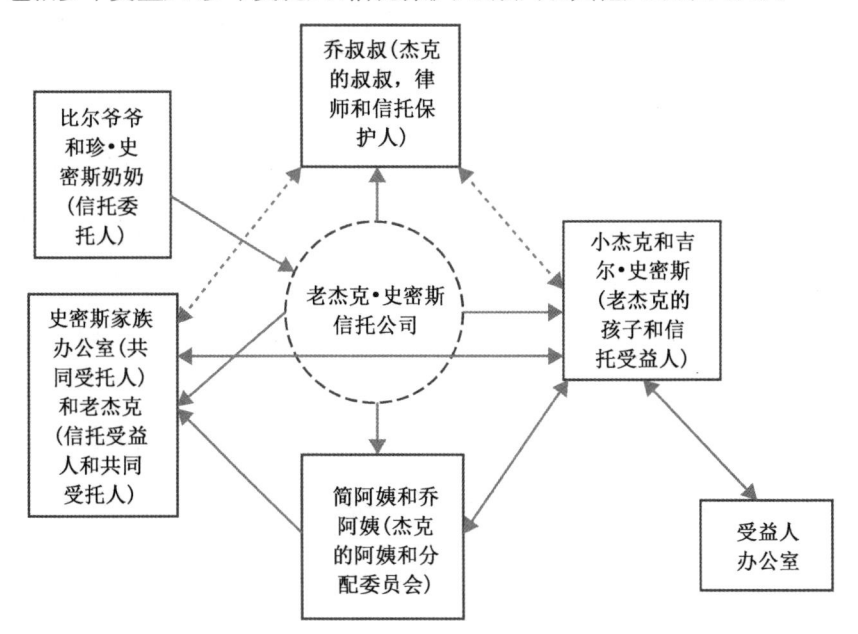

图 9.1　信托场景示例

我们建议受托人和受益人为他们重要的信托关系绘制一幅信托场景图。这是一个用来记住所有利益关系的重要工具。

其次，当你建立一个新的信托时，一些词汇是至关重要的，以确定每个参与者的意图是正确的。比如新的信托体现的是馈赠还是财产转移？（关于这一区别的更多内容，请回到第五章。）大多数信托体现了财产转移。

除了要问信托是否体现了一种精神上的馈赠，如果你正在设立一个信托，还要问问你自己，"我是一个信托创建者还是一个信托签署者？"大多数委托人是信托签署者。他们把自己的名字附在一份他们可能不理解的文件上，这份文件肯定没有体现他们的话语或精神。相比之下，信托创建者会想办法确保信托文件反映了他们的馈赠精神，可能包括给受托人写一封意愿信，包括信托前言，以及一份伴随信托的"传承精神"，或者写一份个人总结或其他讲述性内容。这可能意味着认真考虑信托的名称，而不是简单地加上一个姓氏和一些法律术语。

这就是为什么我们中的一些人（如詹姆斯）在过去十年的法律实践中，不会在未包括以下声明的情况下撰写信托：

这份信托是爱的馈赠，其目的是改善受益人的生活。

想象一下，如果你是受益人，读到信托文件开头的这个句子，你会觉得更像是负担还是祝福呢？

很多时候，信托目的的唯一表达形式是受托人评估自由裁量分配请求时使用的标准，而这些标准通常用"健康、教育、赡养和支持"这些词汇来表达。使用这些词是因为法院多年来已经为它们建立了特定的含义——比如说，"健康"包括什么、不包括什么，尽管仍有灰色地带（比如选择性整容是"健康"的范畴吗？这取决于具体情况）。

真正的信托创建者可以超越这种最低限度的表述方法，在意愿书或给受托人和受益人的信中，更多地说明信托的目的。例如，我们看到的一些关于目的的表达包括：

- 生产力

○ 为家庭主妇提供基本收入。

○ 支持一家初创企业。

○ 为低收入工作提供额外收入。

○ 提供收入以支持志愿服务。

○ 支持雇用职业教练。

● 教育

○ 支付学费、住房或膳食计划。

○ 为学生提供基本收入。

○ 给无止境的学生生涯进行设限。

○ 支持家族团结和延续。

○ 支付家族假期的费用。

○ 支付家族会议的费用。

○ 雇用引导者或调解员。

○ 支付婚礼费用。

○ 支持收养流程。

● 遗产

○ 允许慈善捐赠。

○ 向俱乐部或其他组织支付会员费。

我们还看到委托人撰写简短的书面声明，解释其中一些条款背后的意图。以下是几个例子。

生产力

如果一个成年人拥有稳定的工作并获得足够的收入来维持自己的基本需求，我希望将其视为一种有生产力的表现。

我想确保我的财富及其分配不会削弱我的继承人去过有意义的生活的动力，也不会产生其他不正当的动机或结果。

我认为一个有生产力的成年人也可以是一位处在支持性关系中的人，选择留在家里照顾孩子，而配偶或生活伴侣则工作赚钱，满足家庭的基本需求。

教 育

我们认为教育包括学术性学习，以提高知识和从事某种生意或职业。在课堂之外，有许多合适的方式来丰富自己，我们希望这些资金能够支持广泛的、终身的学习。

企业家精神

我希望我的子女和其他后代将信托的收入和本金，用于投资以获得盈利或收益，包括投资于初创企业或风险投资，或作为其现有商业利益的资本来源。

我不希望资助奢侈的生活方式，我鼓励我的受托人慷慨分配，以使我的受益人能够接受教育，购买主要用作住所的房屋，追求事业和/或创办受托人认为合理的企业。

积极性

信托只有在表达和鼓励积极的——甚至是更加主动的——给予和接受时才会成功。太多时候，信托失败或者不好用，因为它们是消极和被动的。

我们分享了一些措施，让委托人从一开始就成为积极的委托人。一个好的、展望未来的受托人或顾问会鼓励委托人从一开始就成为积极的委托人。

在信托生命周期的其他时刻，一个明智的受托人也可以成为积极给予和接受的代理人。例如，新受益人的加入是鼓励积极性的关键时间点。这些关键性活动是受托人作为管理者或指导者角色中的一部分。为此，受托人可以做的一些事情包括：

- 重读信托和相关文件，提醒自己其主要条款。
- 给新受益人写一封信或电子邮件，介绍自己，确定第一次会议的时间和地点，描述你对新关系的希望，提供一个提议的议程，并邀请受益人修改议程和提出问题。

- 接触新受益人时，不仅要以预防为主的心态，专注于避免可能的不当请求或询问；而且要以促进为主的心态，在法律和财务范围内，寻找信托可以改善受益人生活的方式。
- 谨慎对待作为受托人给这个受益人、这个家族或一般受益人做出的叙述。这种叙述有帮助吗？或者它是否包含了可能阻碍成功关系的概述或偏见？

如果受益人是一个积极的接受者，那么这个人也有一些工作要做。这些工作可能包括：

- 问自己："我的梦想是什么？我觉得最适合从事的活动是什么？我的优势是什么？我的内在障碍是什么？我在什么时候工作并在工作中有所成长？如果我没有，我可以从哪里得到这种体验？我生命中有哪些重要的关系？我有能力为自我主张吗？如果不能，那我去哪里学这个技能？"
- 给受托人写一封信或电子邮件，介绍你自己，描述你的希望或愿景，并列出一些你希望在第一次会议时谈论或了解的事情。
- 阅读信托文件，带着问题来参加会议。
- 回顾你自己对受托人、委托人和作为受益人的自己的叙述。这些叙述是有帮助的还是会形成阻碍的？
- 最后，培养感恩的精神。这可能是一个艰难的步骤，尤其是如果委托人已经去世很久了，或者委托人是与你关系不好的人。也许感恩会集中在成为这个家族一员的其他方面的经历，或者来自你生活中经历过的好的事情。无论来源如何，表达感激是完成馈赠的重要部分。

作为总结，我们在下面分享受益人和受托人的角色和责任。这并非法律意义上的清单。更确切地说，这些责任如果得到履行，将使信托成为每个人生活中的一股积极的人性力量。如果你是受托人或受益人，你可能需要考虑在审查你的信托时，在你肯定会看到的任何地方张贴这份列表的副本。

受益人的角色和责任

每个受益人都有义务了解受益人的职责以及家族受托人的职责。以下是受益人的具体责任。[1]

- 清楚了解受益人拥有权益的每个信托,并具体了解由受托人准备的每个信托的使命陈述。
- 让自己了解所有受托人的责任。
- 理解受托人有责任维持信托资本购买力,同时为受益人保持合理的分配率。
- 对现代投资组合理论以及资产配置的形成和过程有一个总体的了解。
- 识别并寻找证据,验证每个受托人代表所有受益人的利益。
- 每年与每位受托人会面一次,讨论其个人财务状况和个人目标,并对受托人履行其职责以及对信托、受益人和家族治理的责任做出评估,向受托人提出建议。
- 了解家族信托治理结构中每个元素的功能和重要性。
- 参加年度家族企业会议,并根据自己在家族里的资格,接受家族治理结构中的责任角色。
- 培养理解信托会计的一般能力。
- 表明愿意参加教育课程,通过家族研讨会和家族资助的教育项目学习财务知识。
- 了解受托人和其他专业人员的报酬方式和金额,并对信托和投资实体的预算有一个大致的了解。

---

[1] 我们非常感谢理查德·巴卡尔(Richard Bakal),他协助制定了这些标准。

受托人的角色和责任

每个受托人都有义务了解受托人的职责,以及信托受益人的职责。

受托人的具体职责如下:

- 充分了解委托人设立信托的最初目的和信托的当前目的,这些目的是否已经随着时间的推移而改变。
- 以这些目的为指导,做出决定。
- 在信托规定的范围内,采取行动使信托的实际运作赋予受益人权力。
- 建立机制,提高受益人的财务意识,并确保对受益人进行有效的财务教育。
- 至少每年与每个受益人会面一次,以更新受益人对信托的理解,并从每个受益人处获得关于其个人情况的全部信息,包括财务信息和其他信息。
- 了解所有受益人的责任。
- 评估每个受益人履行其角色和职责的情况,并提出建议。
- 有效实施信托的一般政策和程序,它们涉及以下内容:
  ○ 信托的投资目标和可接受的风险。
  ○ 选择和/或提供投资建议与管理,以在给定的风险范围内实现投资目标。
  ○ 信托的税务状况和税务服务的选择。
  ○ 信托的法律地位和法律服务的选择。

分　配

简单来说,信托有三个功能:

1. 管理:持续跟进信托资产、税收、通知和其他法律要求。

2. 投资：管理信托资产，以产生增长、收入和其他方面的预期回报。

3. 分配：按照信托的规定，将信托收入或本金分配给受益人。

虽然这三个功能都很重要，但信托的最终目的是向受益人进行分配。然而，在大多数信托中，分配功能经常被忽略了。受托人通常专注于行政管理。委托人甚至受益人通常非常关注投资。分配感觉像是先做再想的事情，或者更糟糕的，是不希望发生的事情，应该尽可能少讨论、尽可能推迟。因此，许多受益人对提出自由裁量分配请求是很困惑的。许多受托人发现自己以被动的方式回应这种请求。

然而，如果有什么方法可以让信托变成祝福而不是负担，那么就是通过深思熟虑过的、积极主动的分配功能来实现。这个功能不能是事后想起来的，必须是信托开始时的主要意图。

这就是为什么此类问题如此有用："如果你明天必须分配信托的全部本金，受益人准备好接受它了吗？"或者，反过来，"如果受托人明天要分配全部信托本金，你准备好接受了吗？"

为了将分配功能带入生活，我们提出了一个新的模型，称之为"人文信托场景"。我们合作的几个具有前瞻性思维的家族正在全面测试这一模型，而其他一些家族已经采纳了它的部分要素。它并不适用于每个信托，但它确实为一个特定信托场景，提供了基于其特殊性可以追求的目标。

首先，根据我们的经验，我们从传统信托场景的模型开始（见图9.2）。

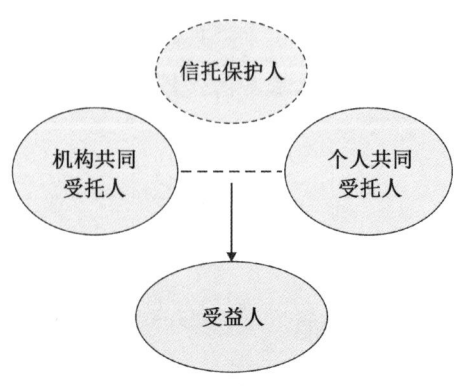

图 9.2　传统信托场景

在这里，一个机构和一个个人共同受托人以一种有点模糊不清的关系存在于这个场景的中间。他们明显优于处于系统底层的受益人。但是在他们之上，也许还存在着一个神秘的信托保护人，他的职责广泛而模糊，并且他也许可以在任何时刻突然出现来扰乱他们。

与这种传统的信托场景不同，我们提供了以下模型（见图 9.3）。

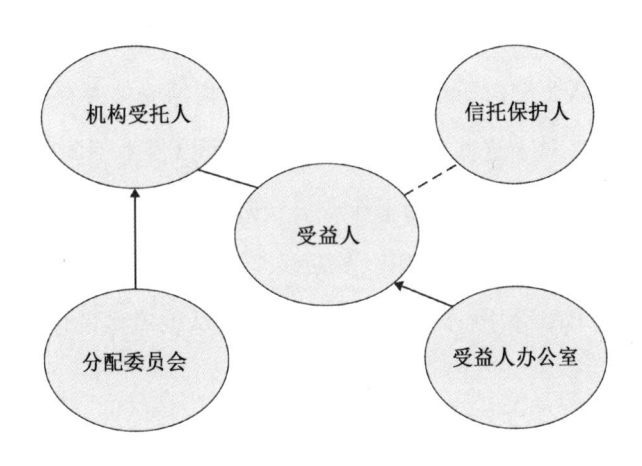

图 9.3　人文信托场景模型

这里的情况完全不同，受益人处于系统的中心。这本身就是一个重大变化。

一种解释这种变化的方式是，在传统模型中，受益人既没有所有权（法定所有权属于受托人），也没有控制权（属于受托人或信托保护人）。在人文信托场景中，家族实现了我们所说的"没有所有权的控制权"，受益人真正成为信托资产的受益所有人，因为他们的利益才是核心。与此同时，受益人并不拥有这些资产，以保护它们免受政府扣押或灾难性错误（如事故或婚姻失败）对其财富资本的破坏。这种没有所有权的控制权概念是财富规划的"圣杯"，然而通常的做法会阻碍这一功能。

给予受益人某种控制感的关键是我们称为分配委员会（DC）的机构，它可以是一个委员会或一个人，其唯一的功能是就分配事宜向受托人提供建议。在追求这一目标的过程中，它必须了解受益人，并理解什么样的受益方式能够有助于个人的发展。然后 DC 带着这些信息回到受托人那里。它提供建议,并不负责分配。因此,它不是受托人。DC 为受托人工作,并从信托中获得报酬。受托人可以随时调整 DC,只要信托进行分配,该职能就可能存在。

另一方是受益人咨询委员会(BAB)。与 DC 一样,这可以是一个个人,也可以是一个机构。不同的是,BAB 只为受益人服务。其功能是帮助受益人确保他或她能够将信托及其分配有效地融入其生活。这项工作可以是帮助受益人了解信托或财务状况,也可以指导受益人有关工作、关系或沟通等内容。对于这些不同的形式,BAB 可以借助不同的人:家族成员、朋友、顾问或家族办公室的工作人员。但是 BAB 是为受益人服务的。受益人决定 BAB 何时发挥作用以及发挥作用的程度。在理想情况下,受益人还应支付 BAB 报酬,要么自掏腰包,要么从他或她的信托受益分配中支付。

我们的模型还包括一个信托保护人。但这位保护人并不是大多数传统信托场景中模糊不清的"超级受托人"。相反,如第八章所述,我们建议将保护程序重新命名为"信托的捍卫者"。捍卫者将只有一个任务:调解受益人和受托人之间的纠纷。为了实现这一目标,捍卫者需要至少每年与受益人和受托人进行一次谈话,以检查关系的健康状况。但是只有在受益人的请求下(或者可能在受托人的请求下),捍卫者才会变得活跃。在这种情况下,捍卫者将试图召集对情况的讨论,并给出调解结果。在出现僵局的情况下,捍卫者有权撤换受托人,任命一个新的受托人,或者什么也不做。因为捍卫者对分配没有权限,所以他不是受托人。因此,这个角色可能是家族长者、朋友或信托的顾问的理想选择,他们本来就不会或不能担任受托人。

最后来谈谈受托人。我们建议使用机构受托人,因为在这种模型中,受托人的主要职能是维持强有力的管理,监督投资,建立并听取分配委员会的建议。拥有诚信记录的机构能够很好地扮演这一角色,成为整个系统的支柱,同时整合其他人的智慧。

结　论

如果说与家族信托共事的几十年教会了我们什么的话，那就是谦逊。虽然在概念上很简单，但与信托顺利共事却非常复杂。我们希望，通过关注信托关系中人的一面，能够实现增加这种关系的数量和质量，使其成为祝福而不是负担，并且真正体现委托人帮助家族成员实现未来生活梦想的信托意图。

因为管理信托是一个如此复杂和专业的话题，所以许多家族邀请他们的受益人和受托人在这个主题上进行专门的学习。如果你的家人对这种学习感兴趣，请参见附录一，我们在那里放置了一个为期多天的"信托课程"的课程表。

第十章　顾　问

你可以定义一条笔直的线,但如果你不知道"笔直"在生活中意味着什么,那它对你又有什么用呢?

——塞内卡,关于"专家"

需要考虑的问题

家族财富是一个"高信任度"的领域。这意味着使用服务的人并不总是清楚结果是如何实现的,以及绩效是如何或应该如何衡量的。如果牙医做错了什么,你会感觉到。财富顾问的建议可能在事后很久才显示出错误。因此,大多数客户至少在一定程度上是信任顾问的。这就是为什么在选择顾问时,个人魅力、善意推荐和声望往往会补充甚至取代冷静的分析。

当会见未来的新顾问或回顾现有顾问的工作时,我们发现一系列问题有助于引导讨论,其中包括以下内容:

- 我将获得(或已经获得)哪些具体的服务?
- 谁将与我的家人一起工作,担任什么样的职责和角色?
- 在这个领域,你与其他顾问有何不同?

我将获得(或已经获得)哪些具体的服务?

这是一个关键的问题,即你能从顾问那里得到什么服务。随着时间的推移,家族可能与顾问建立融洽和亲密的个人关系。但任何融洽的个人关系的基础都必须是顾问为客户提供的切实而具体的服务,而财富咨询领域的服务需要靠专业知识和时间。

谁将与我的家人一起工作,担任什么样的职责和角色?

这个问题涉及顾问的服务模式。大多数财务顾问在团队中工作,团队方法可以帮助客户以综合的方式快速获得专业建议。这也会让人很难理解谁做了什么。

在这个领域,你与其他顾问有何不同?

这个问题确定了顾问认为他们与众不同的品质是什么。顾问们通常会说明他们认为自己具备的优势,无论是在投资、规划还是在激发家族活力方面。一旦他们这样说了,询问他们有没有具体例子是很重要的。

金 钱

建议不是免费的。作为客户,你的部分任务是评估建议的价格与其价值之间的比较。为了比较价格和价值,你可以向自己的顾问或潜在顾问提出以下问题:

- 由于你的业务必须持续发展,你有多少时间用于寻找新客户?
- 你有多少时间直接为你的客户提供服务?
- 你最终负责的客户数量有多少?

在前两个问题中没有硬性规定的百分比。它们通常取决于顾问在他或她的业务发展中所处的阶段。刚创业的顾问自然会花更多的时间在营销上，这就是为什么知道一名顾问最终负责服务的客户数量也是很有帮助的原因。客户数量更少并不意味着服务更好，而客户数量多也不意味着服务质量差。这完全取决于你作为客户想寻求什么。

还要问顾问这个问题："你获得报酬的各种方式是什么？"这很重要。由于收入会激励行为，顾问自然会推荐能为他们赚钱的产品或服务。

很难与任何人谈论金钱，包括顾问。尽管如此，每年至少和你的顾问讨论一次费用问题，并在谈话中发挥主导作用。这是一个好习惯。有几个原则和实践可以帮助你让对话富有成效：

- 确保费用提案清晰明了且书面化。
- 要求你的顾问把他或她的费用放在整体服务的背景下。
- 观察你的顾问如何回答有关费用的问题。你的顾问如何回答这些问题或对这个问题的回应可以作为他或她的能力、经验和良好意图的标志。

一个公平的费用和良好的费用讨论可以使顾问和客户的利益相一致，而不是把他们的利益分开，这可以为富有成效的关系提供基础。

核心幕僚

所有这些要点也适用于帮助家族管理完整家族财富的高水准的顾问。这些顾问我们称为核心幕僚。很难用单一的职业或领域对他们进行分类，尽管他们最初的职业可能是律师、会计师、财务顾问或心理学家。不过，有时候，核心幕僚的化身可能以朋友、老师、牧师、知识分子、亲戚或经理的身份出现。

尽管他们看起来各不相同，但核心幕僚确实有共同的品质：

- 对文化的兴趣：一个真正的"二号位"会认识到，任何一个家族领袖，不管他或她自己有多强势，都不可能永久地控制所有变化。一个系统，比如一个家族，需要达成共识和共同参与来实现一个有远见的人的愿景。
- 相信有序的演化：有时明显的变化会很快发生，但在此之前，几乎总是会有看不见的、逐渐的调整。小心那些承诺一次会面就能改变你家族文化的顾问。

● 雄心服从于更高的使命：顾名思义，"二号位"不是掌舵人。一些人一想到这种从属地位就退缩。但是，我们已经看到了无数这样的例子：一个真正的"二号位"的默默努力比极度活跃的一把手，对一个家族的长期繁荣产生了更积极的影响。

核心幕僚是一个高大上的头衔。本质上，我们在这里描述的是一个把你的家族——整个家族——放在第一位的人，是保护和增长所有家族资本的人。这个角色是由态度决定的，而不是技能定义的。问问你自己：在你的顾问网络中，是否有人持有这种观点？如果有这样的人，紧紧抓住他或她。如果没有，那就开始寻找有这种想法的人。

咨询师、教练和引导师

在家族财富之旅中能发挥重要作用的核心幕僚，同时也是咨询师、引导师或教练。这些顾问可能会在生活或职业方面为个人提供建议，或者与整个家族合作，比如说，为家族会议或治理讨论做准备。许多咨询师和教练训练有素、卓有成效，但也有些没有受过良好的培训。因为这个角色没有普遍公认的标准，如果你正在考虑聘请一位咨询师或引导师，这里有一些问题要问你自己：

● 无论是个人还是家族，你希望改善生活的哪些方面？
● 这些关注的领域是与你的职业更相关，还是与你的内心更相关？
● 你愿意抽出时间定期会面并参加反思你自己的会议吗？
● 你是否愿意对某些你不喜欢的自己或家族关系的部分与他人保持坦诚？

如果对这些问题的回答让你得出结论，你已经准备好接受咨询关系，那么在寻找合适的教练或咨询师时，这里有一些问题或标准可以考虑：

● 潜在咨询师受过什么样的培训？

- 潜在咨询师是否拥有医学认可的执照？
- 潜在咨询师有什么样的经验？在工作方面和咨询方面呢？
- 这种经验与你寻求应对的挑战相符吗？

进入咨询关系总是包含一些信任的因素，而且是双向的。但这不一定是完全的信仰状态。考虑与你的潜在咨询师或教练做两次会面，第一次先评估彼此可能的关系。如果在两次会面后，你们双方都认为这是富有成效的会面，那么你们可以进行更多的定期会面。如果不是，那么你和咨询师都不会在一段可能没有结果的关系上投入大量的时间和金钱。最初的两次会面也给了你和咨询师一些时间来探索你们合作的共同目标。即使你在那之后没有继续会面，你在这两次会议中所做的工作仍可能对继续你的旅程有所助益。

导 师

我们还想谈一谈另一种类型的顾问或核心幕僚：导师。如今，大多数导师把精力集中在一项任务或调整过程上。导师可能在学校、新工作或职业生涯的不同时期帮助你，但是一个真正的导师不仅仅是帮助你调整，而是会帮助你成长。

一位真正的导师是很少见的。导师的特点是什么？第一，导师富有经验。大多数情况下，经验靠时间的积淀，但也可能在生命早期就获得。第二，导师是值得信赖的。一个人成为导师需要时间和熟悉度。第三，如前所述，导师不会只关注一项任务或调整。第四，成为一名导师需要一些智慧，甚至是狡猾。真实是很好的，但学员可能并不总是准备好接受真相。导师必须知道该如何透露以及何时透露。最后一点意味着你可能会遇到一位导师——或者可能已经遇到了——但当时并没有意识到。

导师关系不是一种可以强迫或要求的关系。毕竟最初的导师——雅典娜，是一位女神，她随心所欲地来来去去。也许你能做的最好的事情就是对导师关系的可能性打开心扉。在我们的经验中,当心灵准备好的时候,导师就出现了。

父亲的智慧

我们用詹姆斯的导师之一、他的父亲老詹姆斯·艾略特·休斯(James Elliott Hughes Sr.)的几句至理名言来结束关于顾问的这一章,他本人就是一名咨询师和顾问的最佳案例:

百分之八十的时间里,什么都不做。

有时候解决一件事最好的办法就是时间。推迟行动可能是一名顾问面对其客户所能采取的最有价值的行动之一。老詹姆斯也提出了同样的观点,"遵守迟到法则"和"慢慢加速"。

任何事情的开始往往比我们想象的更加遥远。

我们经常专注于当下时刻和所有导致它的原因,我们认为自己要么处于起点,要么已经走了很远的路。事实上,任何重要事业的真正开始——包括完整的家族财富之旅——通常只有经过许多时间和许多失败之后才会变得清晰。

以长远的方式思考;借助历史来理解。

这对家族来说是特别重要的建议。每个家族都将对几代人的记忆与对未来三代或更多代人产生的影响结合在一起。仅仅关注今天、这个季度或今年,是无法应对家族面临的挑战的。

在试图解决最困难的问题之前,先迈出一小步,共同取得成功。

通常情况下,家族希望立即解决大问题。鼓励这种倾向的顾问可能会眼前一亮,但通常那些大问题之所以难是有原因的。理解一个家族的文化需要时间,更不用说改变了。只有建立在成功基础上再达成成功才有机会实现这个目标。

把那些抱怨的人带进团队,让他们扮演重要的角色。

大多数家族和它们的顾问将抱怨者排斥在家族外围,在那里他们愉快地继续他们的抨击。结果,什么都没有真正改变。让抱怨者加入团队可以减轻他们的不满。这样做还可以将有效的投诉被提出,有助于促成家族长期的积极变化。

第十一章 朋　友

对拥有财富的人来说,一个巨大的挑战是这样的问题:"我的朋友们是因为我是谁而喜欢我,还是因为我拥有什么?"我们希望下面的内容能引发你对什么是真正的朋友的思考。

朋友是财富

根据哲学家苏格拉底的学生色诺芬(Xenophon)的说法,苏格拉底曾经这样谈论朋友:

许多人知道他们自己财产的数量,即便他们拥有再多东西。但对于他们的朋友,即使只有几个人,他们不仅不清楚朋友的数量,而且对那些要求他们列出朋友名字的人,他们写下一些,又把名字划掉。这就是他们对于朋友的关注力![1]

请思考一下这一点。你有几栋房子?有多少个银行账户?每个账户里有多少钱?现在想一想你的朋友。你会列出几个人?有些名字在这个名单上时有时无吗?问自己的房产或银行账户,与问朋友有什么不同?

如果你思考这些问题,你会同意苏格拉底提出的挑战并不局限于公元前五世纪的雅典。列出我们朋友的名字似乎是一个长期的难题。

---

[1] Xenophon, *Memorabilia of Socrates* (London: Cassell, 2014), II. 4. 4.

然而，几乎每个人都认为与朋友和亲人一起度过时光是生活中的重要部分。这些人可能是家人、配偶或伴侣、男朋友、女朋友、工作伙伴、学校朋友，以及友好的熟人，虽然比较随意，但仍然给生活增添魅力。没有朋友的生活会显得悲惨，甚至缺乏人生趣味。

那么，为什么列举我们的朋友比列举我们的财富资本要困难得多呢？

部分挑战似乎是，朋友不会像房子或其他财产那样始终不动。友谊是经常变化的。一个人可能是新认识的人，正在成为朋友的路上；另一个人可能渐行渐远，正在成为曾经的朋友。未来的、当前的和过去的朋友之间的界限似乎很模糊。

大多数人也有不同类型的朋友。你可能有一个或者几个最好的朋友。你可能有亲密的朋友和友好的熟人。你可能有特定于某个场景的朋友，比如学校、工作或家族。有些人可能感觉像亲密的朋友，但一年只见一两次面，你可能不会把他们放在朋友列表中，除非你在考虑特定的场景。

亚里士多德谈到三种类型的朋友。[1]首先是有用之友。我们可以称之为"友好的熟人"，这样的友谊旨在完成一项工作。这是你可能与银行家、园林设计师或商店店员的那种关系。其次是快乐之友。我们喜欢和这些人一起吃饭、聚会或娱乐。他们很有趣，而生活需要一些乐趣。最后是亚里士多德所说的美德之友。这些朋友很少见。这样的朋友鼓励彼此尽可能地优秀——在生活中对他们最重要的任何领域。他们真心为彼此的成功感到高兴。

试着把你的友谊这样分类：谁是你最重要的有用之友？谁是你的快乐之友？谁是你的美德之友？

这些复杂性——友谊的变化和不同类型的友谊——都指向一个更根本的问题：什么是朋友？这不是一个人日常面对的关于房子、汽车、狗或猫、股票或债券的问题。对我们的朋友进行分类的困难至少部分来自如

---

[1] Aristotle, *The Nicomachean Ethics* (London: Penguin, 2003), Book Eight.

何回答这个根本问题。

这个问题很难,因为友谊中有一些珍贵而微妙的东西。它需要保护和关爱。但也许,在本质上,友谊的微妙之处在于我们对它的期待。难道我们每个人不希望我们的朋友爱我们、关心我们,在紧要关头把我们放在第一位吗?"患难见真情。"为此,我们希望值得朋友的关心和牺牲。然而,将我们的朋友分类可能会揭开这种微妙的期待之舞的面纱。苏格拉底把我们的朋友比作我们的其他财产。财产是我们为了自己的利益而利用的东西。如果我们把朋友视为我们希望从中受益的财产,我们值得他们关心吗?

财富和朋友

如果我们想通了自己在友谊中真正寻找的是什么,我们就能和朋友更好地相处。这通常是友谊的关键。

巨大的财富资本给友谊增加了额外的复杂性。如前文所述,许多富裕家族中的新生代成员担心,朋友喜欢他们,不是因为他们是谁,而是因为他们拥有什么。当他们的家族名称被公开,或者当他们的父母或祖父母向他们的学校或大学提供了大量捐赠时,这种担忧会加剧。我们甚至知道这样的情况,老师在教室里叫出年轻一代的家族成员,评论他们父母的财富资本。

还是那句话,拥有好朋友的关键是自己成为一个好朋友。当谈到与朋友、室友等人处理金钱问题时,我们发现一些更具体的有用做法,包括:

- 创造性的省略:如果还不为人所知,就没有必要让别人注意你的财富资本。正如我们在本书的前一部分所提到的,有些时候不谈论金钱的古老禁忌是非常对的。
- 转移话题,不要让别人对你拥有什么做出猜测:准备好其他话题,大多数人会领会这个暗示的。
- 将谈话引回到重要的事情上:你的目标是什么,你试图实现什么,以及这些选择将如何影响你们的朋友关系?

● 适当的自信:如果有人没有领会这个暗示,而且谈论金钱并不合适,那就要直接说出来。"我的家族财富是我们视为私有的东西,我的家族成员依赖我来维护这一价值观。作为我的朋友,我希望你能理解。"

因为这些情况在学校或大学里非常普遍,所以我们建议有大量年轻一代成员(从青少年到 20 多岁)的家族在家族会议上谈论这些挑战,作为一个团体互相支持。从年长的堂兄弟或老一辈家族成员经历过的事情中学习。我们听到过家族成员富有成效地讨论每件事,从如何最好地分摊晚餐账单,到如何决定与财富较少的朋友去哪里春游。你不需要独自面对这些复杂的财富和友谊之间的难题。

最重要的是,不要感到内疚。如果你是一个好朋友,那么除了金钱,你还有很多东西——更重要的东西——可以为你的友谊做出贡献。

第三部分

第十二章 品 格

历 史

在过去的几十年里的家族财富领域,有很多努力都集中在发展和传播我们在本章要分享的词上。这个词直接回应了许多家族的焦虑,他们担心自己的财富会毁掉后代的生活,从而使未来的家族成员在经济上和精神上都陷入困顿。

这种焦虑是长期存在的,正如谚语"富不过三代"所表明的那样(尽管存在相反的经验证据)。然而,我们的这个词是新的。

在新想法出现之前,家族都做了些什么?他们当然有顾问,但这些顾问——经纪人、会计师和税务律师——主要管理家族的财富资本。从他们之中,偶尔会出现一些推心置腹之人,但通常只出现在有重大政治或商业利益的家族中。这个可信任之人可能会谨慎地处理完一件微妙的个人或商业事务,然后就悄悄地回到他的职业岗位中去了。

如果我们回顾过去,比如说,从19世纪早期到20世纪50年代,我们会发现富裕家族关于非金融事务的两个最权威的咨询对象不是顾问,而是习俗和法律。其中一些习俗包括对儿童教育的明确定义(不仅指学校教育,也包括整个人生的教育),包括体育、艰苦生活,以及商业、慈善和军事服务;其他的习俗还包括对富有的男人、女人在家族内外的工作和行为的明确看法。最具支持性的法律是关于信托和遗产的法律,这些法律在许多家族里建立了受托责任,这是一种被称为"管家精神"的态度。因此,许多家族将合理的财务和法律建议与对这些法律和习俗的尊重相结合,减缓甚至有时逆转了家族财富的自然熵增。

在一些家族中,这些法律和习俗也带来了特定的治理结构的应用。它们确实影响了家族的决策方式。但是这些决策的结构或方式并不是故事的全部。法律和习俗真正塑造的是品格,是个人和家族的品格。正是由法律和习俗塑造的品格,让家族在过往长期保持财富方面取得成功。

那么,为什么新词变得必要了呢?20世纪60年代的社会革命,加上70年代的金融灾难,在很大程度上终结了旧的方式。过去的教育和行为规范被认为是压迫性的、无生产力的或过时的。旧的上层阶级,在工作、慈善和消费方面拥有的共同准则,在很大程度上消失了。一个新的上层阶级取代了它的位置,这个阶级更多的是以资历而不是世袭身份为标志的。慢慢地,信托规则开始被看作一种法律游戏,仅仅是为了减少税收。自1976年以来,美国国会不断修改税法规则,进一步促进了这种看法。

因此,我们生活在动荡的时代。自20世纪80年代以来,财富增加了,富人的自由也增加了。但这种富有和自由是双刃剑。以前只有几百个家族曾对财富感到担忧,现在数百万人都有这样的同感。那些曾经塑造了帮助少数人解决这些问题的品格的社会力量早已不复存在。现在比过去有更多的富裕家族,但每个家族都感到自己处于孤立的状态,不得不发明一种体系来保持自身的凝聚力。

这些变化把我们带到了现在。正是由于旧习俗力量的减弱,才有了新的词和它们描述的新方式。因为新一代现在控制着世界大部分的财富资本,而且比他们的前辈更懂得心理学语言和方法,所以这些词变得更有力量。

品格已经陷落于阴影之中。

但这并不意味着新方法没有优点。它提醒了家族过去所知道的:对家族财富的真正威胁来自家族本身。此外,它还为家族提供了行动方案,这个方案可能包括在家族内部建立审议和教育机构,讨论真正重要的问题,或致力于作为一个家族共同工作,在一份使命声明中整合成员的观点,并为成员提供学习和展示家族团结所需技能的机会。

什么是有效的?

我们已经看到这种新方法给家族带来了积极的变化,但也许不是一些家族成员或顾问所认为的原因。我们认为,关键不仅仅是词或实践本身,尽管它们很重要;实质上这些词和实践将家族与品格的核心概念重新联系起来。因此,如果我们想继续改善我们的家族,关键是我们要理解并有意识地直接参与到品格塑造当中去。

生活常识告诉我们,沟通交流、决定如何做决策、帮助家族成员学习等做法有助于获得幸福。

但是这些做法是否就是全部?它们甚至是最重要的部分吗?相反,这些做法可能只是一座更大的冰山的一角。或许,在很多情况下,这些做法或结构之所以有效,是因为它们融入了更复杂的家族企业中,而这些企业往往具有明确定义的品格。在某些情况下,品格与其他家族传统或信仰相结合而有效,这些信仰可能与治理没什么关系。

当一个人获得成功时,他可能会发现成功的过程中有良好的治理方式,但这并不意味着仅凭这种治理就获得了成功。更确切地说,可能是因为在成功的地方,我们发现了某种品格,而这种品格产生了某些治理形式和由此带来的长期成功。这是很多家族领袖内心感受到的结论,只是有时他们很难用言语表达并采取行动。如果这是真的,如果品格是关键,那么它会引导我们取得长期增长家族财富的成果。

最令人惊喜的效果之一是与时间有关的。长期的成功可能主要取决于家族品格的缓慢发展。这种缓慢可能需要家族小心,不要让他们的财富资本的增长超过个人品格的增长。对于经历巨大财富突然到来的家族来说,这是一个问题。此外,品格的成长不是靠一个季度甚至一年的工作,而是靠几十年甚至几代人的工作。大多数家族——更不用说大多数顾问了——准备好把自己投入这样一个时间框架了吗？

我们从引用一句谚语开始,并以另一个谚语结尾：

如果你在为一年做计划,那就种水稻吧。

如果你在为十年做计划,那就种树吧。

如果你是为几个世纪做计划,那就培养人才吧。

培养人才意味着专注于品格。

第十三章 工 作

意 义

如果我们认真对待品格,正如我们在第十二章中所建议的,那么大多数人会说:"去工作吧。"工作似乎与品格的发展紧密相连。

这就是为什么我们在第四章"崛起的新生代"中提到了工作的重要性。在这里,我们想扩展这些评论,将工作置于个人和家族品格发展的范畴内。

今天很多人说工作应该追求"意义"。我们的目标应该是做有意义的工作。意义听起来像是一种奢侈品。如果你不需要靠工作来维持生计或者让你的孩子吃饱穿暖,那么你可以沉迷于追求意义。

但相反,有些人说,如果以正确的方式追求,即使是卑微的工作也是有意义的。意义听起来像是帮从经济阶梯的底部到顶部的人来定义什么是好工作的候选词。或许它真的定义了什么是好的工作,无论这种工作是有偿还是无偿的。经营慈善事业和经营商业帝国一样有意义。养育小孩或照顾年迈父母也是一样有意义。

花一点时间,想想你自己:

- 你认为自己的工作是什么?它可能与你的岗位或头衔不同。
- 你在工作中找到意义了吗?如果是的话,你会如何描述这个意义?

如果意义是贯穿一切真正工作的主线,那么"意义"究竟指什么?当代心理学家正在就这个问题进行辩论。对于积极心理学而言,"意义"是一个关键术语,描述了"你的个性特点和美德服务于比你自己更大的事物"的奉献精神[1]。意义来自不仅仅是为了自己或自己的利益而行动,它是一种感觉,即有一个比自己更大的整体存在,甚至可能是一种共同利益,一个人的努力可以为之做出贡献。无论这种贡献或大或小,只要它服务于更大的事物,就是有意义的。

意义也涉及我们共同的命运。伟大和渺小都会被时间击倒,相比之下,意义似乎提供了希望:我们每个人都有机会能为更大、更好、更能延续我们努力成果的东西做出贡献。

优势和心流

那么,我们如何才能培养有意义的工作呢?

如上所述,根据积极心理学,有意义的工作包括通过运用你的优势和美德来服务于比你更大的事物。所以,做有意义的工作需要先确定你的优势和美德。

回顾你过去的经历,是开始发现自己优势的简单方法。考虑以下问题:

- 你什么时候觉得自己做得最好?这可能不是具体的工作,甚至没有报酬。
- 这份工作的特点是什么?
- 你本人、工作或工作条件的什么特点让工作变得很顺利?

当你回顾这些关于工作经验的问题时,你会想到哪些词来描述你自己?在做好这份工作的过程中,你展现了哪些积极的品质、优势或美德?

---

[1] Martin E. P. Seligman, *Authentic Happiness* (New York: Free Press, 2002), 263.

人类的工作

我们所有不同的工作、职业、实践或艺术都旨在实现特定的目标。医生的目标是健康，建筑师的目标是设计出美观实用的建筑，工程师的目标是安全地建造它们。但是，有没有一种善包含了其他所有的善，并且是这些其他的、部分的善所追寻的目标呢？如果有的话，也许那种包罗万象的善并不存在于这个或那个工匠的作品中，而是存在于人类的工作中。如果说，我们每个人作为工人，都有具体的工作要做，但作为人类，我们是毫无意义的，这似乎很奇怪。

具体的人类工作是什么样子？哲学家亚里士多德观察到，我们与所有其他生物共享生活——进食、生长等，甚至我们与狗和猫等动物都有感情。人类所特有的——至少当我们在其他星球上发现这样的生物之前——是运用理性。所以亚里士多德用这段话总结了他对我们工作的最初想法：

如果人类的工作是一种合乎理性或不超出理性的活动，我们说同样的工作属于个人和认真的个人（就像同样的工作属于一个弹奏竖琴的人和一个认真弹奏竖琴的人），但后者在工作中表现出卓越（因为都在弹奏竖琴，但一个认真的人弹奏得更好）。如果是这样，如果我们假设人类的工作是一种特定的生活方式，假设这种生活方式是灵魂的活动和理性的行为，认真的人有责任把这些做好、做得漂亮，每件事都按照其适当的卓越程度完成。如果是这样，人类的善就成为灵魂与其优势特点相一致的活动，如果有几种优势特点，那么是以最好和最完整的方式完成。[1]

这太难了。它是完全有条件的：注意所有那些"如果"。但亚里士多德还说，如果我们认真对待日常工作，我们就必须对包罗万象的工作内容好奇。他的话并不是对我们的思考的教条式结论，而是激励我们去探索

---

[1] Aristotle, *The Nicomachean Ethics* (London: Penguin, 2003), I. 7. 14–15.

的邀请。

游　戏

在这儿,我们无法完全理解亚里士多德的邀请。相反,我们将提供一个观察结果。亚里士多德用来说明人类工作的最突出的例子是竖琴演奏者的活动。毫无疑问,选择这种活动有很多原因。音乐似乎能够激发灵魂,同时也在利用身体。它依赖数字和节拍,但它却表达了激情。它可以运用语言,但不依赖于语言。尽管亚里士多德强调理性,但他的例子微妙地提醒我们,我们并非只是泡在罐子中的大脑,仅有理性。

竖琴演奏者也提醒我们,工作不是生活的全部,演奏竖琴也可以看作是一种游戏。音乐的魅力之一在于,它让我们从日常的担忧和挣扎中解脱出来,至少暂时如此。它可以化解我们的严肃和终日劳碌。正如德国哲学家尼采(Nietzsche)所写的那样,"在音乐中,激情享受自我"[1]。

事实上,约翰·赫伊津哈(Johan Huizinga)认为,所有文化元素——从儿童游戏到教育,再到音乐、艺术、哲学、商业甚至政治——与游戏中的核心元素几乎是一样的。[2] 游戏创造了一个神圣的空间,通过带我们远离平淡、世俗、平凡或日常,使我们恢复活力。具有讽刺意味的是,赫伊津哈假设游戏可能是人类生活中最严肃的事情。

考虑工作之外的时间:

- 你在工作之外的时间里做什么?
- 你如何描述这段时间?是休闲时间吗?还是快乐时间?你是期待还是回避这段时间?
- 如果你不工作,你会想做什么?

考虑到竖琴演奏者的例子和赫伊津哈的推测,我们能说亚里士多德

---

[1] Friedrich Nietzsche, *Beyond God and Evil* (1886), aphorism 106.
[2] Johan Huizinga, *Homo Ludens: A Study of the Play-Element of Culture* (Boston: Beacon Press, 1955).

是在暗示我们最严肃的工作是某种游戏吗？这是一个具有挑战性的问题，因为我们大多数人认为工作是最严肃的事情，游戏只是娱乐。这需要重拾一种被遗忘的智慧，即认为放松（休息、睡觉、娱乐）是为了工作——为我们能继续努力充电——但工作本身是为了更高的目标。[1]

工作的目的是什么？是否存在无穷无尽的结局，每个结局都指向某种超越自身的东西，但整个结局又是毫无意义的？或者是有些活动本自俱足？音乐再次似乎是一个出色的例子。是的，人们可以为了薪水、名气或其他外部目标演奏音乐。但在它最简单和最纯粹的形式中，音乐本身就能让我们感到愉悦。

如果我们不能透过表象去看本质，我们就无法挑战这些问题的真实面目。我能在既不是工作，也不是为工作而做准备的事情上找到满足感吗？我能找到一种游戏形式，而这种游戏不只是为了放松自我吗？有没有某件事情，我做起来只是"为了这件事情本身而做的"？如果这样的游戏成为我美好生活的高峰体验，对我意味着什么？是不是可能最完整的意义并不在我们的工作中，而是在我们静下来，安静聆听意义的时候？

沿着这些思路，我们在这里给出最后的结论。不是亚里士多德的，而是他的前辈毕达哥拉斯（Pythagoras）的，他是一位早期的哲学家和神秘主义者。毕达哥拉斯进行了如下比较：

人生就像奥运会。竞技场上是参赛者，努力争取胜利。他们周围都是观众，有的欢呼，有的起哄。小贩们在看台上走来走去，卖饮料和小吃之类的东西。这三类人代表了三种主要的生活方式。有追求荣誉的生活：金牌，人群的欢呼，不朽的名声。有追求金钱的生活：买卖货物。最后是观众的生活：他在观看参赛者、他的观众同伴和这整个叫做生活的游戏中找到快乐。

在人生的体育场上，你现在是谁——参赛者、小贩还是观众？你想成为谁，为什么？

---

[1] 关于这一点，参见 Josef Pieper, *Leisure, the Basis of Culture*, trans Gerald Malsbury (South Bend, IN: St. Augustine's Press, 1998)。

第十四章 与子女谈论财富

发 展

与其他重要的生活技能一样,学习金钱和财富的知识也是一个发展过程。对于正在学习的孩子或年轻人来说,让课程适合自己的发展阶段至关重要。

我们发现这个简单的表有助于将教授孩子财富知识这个复杂的主题分解开来:

年龄范围	信息/活动
5—8	"我们有的够多了"
9—12	鼓励勤工俭学——有零花钱
13—18	基本金融技能和知识
18—21	管理独立性
21—25	接触结构、目的以及最终资产
25+	参与家族企业治理:"相互依存"

接下来,我们将关注前四个阶段:从童年早期到青春期晚期。第四章讨论了适合于新生代开始独立生活时的技巧和实践。

教育时刻的力量

就像学习阅读一样，学习金融知识是一个长期的过程，最好从儿童早期开始。我们不能假设我们的孩子一定会学到良好的理财态度和技能，除非我们花时间去教他们。在财富中培养负责任的孩子的关键，是在日常生活中发现或创造可以学习财富课程的教育时刻。人们可能认为，富人阶级能够比中产阶级在生活中创造更多这样的时刻。不幸的是，事实恰恰相反。正如法国哲学家卢梭（Rousseau）所说，财富可能会剥夺孩子的"自然教育"。

例如，我们有一位同事曾经带着 7 岁的女儿参加私立学校的第一次书展。学校想让家长能方便地买书，所以事先要求父亲提供他的信用卡号码和购买限额，比如 30 美元。这个 7 岁的小女孩逛了书市，挑了几本她喜欢的书，然后把它们拿到了收银台。售货员在笔记本电脑上输入了一些数字，然后把书还给女孩，女孩转向她的父亲，自豪地说："买书很容易！"

显然，父亲错过了一个介绍有用的金钱技能的机会：向女儿展示 30 美元是什么样子，让她处理账单，算出 3 本 9 美元的书要花 27 美元，观察售货员加上税款和找零，以及将 30 美元的上限与无法再购买第四或第五本书联系起来。

年幼的孩子把钱看作一种有形的东西——拿着它，数着它，把它放在储蓄罐里，把它送人，有时还会把它弄丢。掌握现金的基本技能，为以后能够安全地过渡到使用数字货币、无线支付、信用卡、自动取款机和支票进行更抽象的货币交易奠定了基础。

我们富有吗？

到 8 岁左右，儿童的主要发展需求是爱、依恋和安全感。这就是为什么孩子会在某个时候问他们的父母:"我们富有吗?"

即使是做好了准备的父母,在这个问题上也可能感到无所适从。如果处理得当,这将成为一个重要的教育时刻。

首先,要认识到,当这个问题来自年幼的孩子时,它与金钱无关。你6岁的孩子不想知道你的传承计划。这个问题只是反映了孩子对舒适和安全的渴望,也许是因为与朋友或其他亲戚的房子做比较而引起的。

试着让你的孩子说出是什么引发了这个问题,但不要用怀疑或担心的语气回答:"你为什么这么问?"或者"谁告诉你的?"审问的语气只会引发忧虑,并阻碍了未来的讨论。

撒谎或回避这个问题也没有帮助:"哦,我们并不富有。某某比我们有钱10倍!"这种比较会让你的孩子感到不安全或嫉妒,最终你的孩子会发现你回避了真相。相反,我们建议你把这个问题当作一次教育机会,说明以下简单的区别:不够、足够和过多。

"许多家族,"你可以指出,"没有足够的钱。有些刚好够用,还有些则比够用还要多。我们很幸运,有比够用还要多的钱。这就是为什么我们可以拥有许多好东西,也是为什么我们经常与那些不够用的家族分享一些我们拥有的东西。"在这个简短的评论中,你让孩子知道他或她是安全的,你也展示了你的家族关心他人。

好奇心

童年中间的时期对孩子培养金钱技能尤为重要。从9岁到12岁这段时间是对孩子进行金钱训练的最佳时期。在这个年龄段,孩子们不仅可以学习金钱运作的基本原理,还可以培养推动他们走向成功的主动性。

处于青春期早期的孩子通常对学习金钱非常感兴趣。他们会喜欢被展示如何在餐馆里计算小费,如何在打折销售中快速估算出25%的折扣,或者如何比较两种不同规格的食物的价格。这些例子可能看起来微不足道,但是你一定要站在孩子的角度看世界,关注孩子感兴趣并能从中学到的东西。

研究表明，这些早期经验为日后的自我负责、良好的财富价值观以及对事物价值的批判性思考奠定了基础。

零花钱

零花钱给一些家族带来了负面影响。一些父母在艰苦的环境中长大，没有零花钱，迫使他们从小就开始赚钱，或者他们不喜欢给孩子零用钱或报酬来做家务。我们经常听到父母说："我的孩子应该做家务，因为他们是这个家族的一员，而不是为了赚钱。"

我们不建议将零花钱视为馈赠、工资、成绩奖励或权利。给予金钱很容易，但对孩子的学习没有帮助。但零花钱仍然非常有用。零花钱是可教育时刻的持续来源，让你作为家长有一个培养孩子财务能力的机会。这种方法将焦点从孩子为了得到钱而做的事情，转移到孩子打算用这些钱做什么用途上。

例如，许多家族要求孩子将他们的零花钱分成三部分：三分之一用于现在的花费，三分之一用于储蓄，三分之一用于慈善捐赠。这个方式同时教会了孩子许多事情。它强调家族的价值观不仅包括消费，还包括储蓄和慈善事业。通过拿出一部分去储蓄，孩子们学会了延迟满足和长期规划。它还为孩子们提供了一个工具，让他们练习安全地做出自己的财务决定，从成功和挫折中学习。

如果零花钱能提供这些好处，那么你应该尽量不要过度干预孩子的消费选择。你有时可能会对他或她做出的消费决定感到不高兴，但请记住：目标是教育，而不是控制。这就是孩子学习的方式。如果支出违反了家族共同的是非观，你可以说"不行"。最后，不要以撤销零花钱作为惩罚。这只会告诉孩子，你会使用钱来表示愤怒。

零花钱的真正力量在于，它能够通过经验来进行教育。如果你 12 岁的孩子知道他或她的零花钱必须维持一个月，但在第一周就花光了钱买衣服,那么他或她必须在这个月剩下的时间里要么不花钱,要么赚更多的钱。很少有孩子会忘记这一课。这里的关键是不要跳出来帮孩子解决问题。帮助所传递的信息是:"别担心,你做什么都没有后果。"这和你想教育的目标正好相反。

延迟满足是最伟大的老师之一。通过制定一些关于消费的规则——当你的孩子偏离正道时,不要去纠正他们——你会帮助他们学习。

青少年

13—18岁的青少年时期对于财务教育来说是一个特殊的挑战。特别是如果你错过了在这个年龄段之前的教育机会,你的孩子可能会变得让你很陌生,做出越来越冒险的决定,即使他们以后可能会后悔。随着同龄人和媒体成为主要影响因素,你的教育机会消失了。

同样,财富机构可能会剥夺你的孩子学习财务技能的潜在机会。例如,家族办公室可能会过度帮助,而不是让需要学习财务纪律的青少年承担责任。

如何培养自己孩子的金融素养?至少有以下三个主要领域:

1. 信息。利用"轰炸"青少年的广告作为关于收益率的教育时机。讨论复利,演示在线投资跟踪,解释如何阅读月结单,从可能已经在孩子名下的较小账户开始。教你的孩子如何签支票和核对支票簿余额,即使这些责任可以在以后的生活中委派给别人操作。

2. 价值观。在讲述如何创造财富的家族历史时,强调所做的工作和承担的风险,不是灌输负罪感,而是教导孩子工作和风险是成功的基础。随着物品变得越来越昂贵(汽车、旅游、聚会),让你的孩子承担他自己更多的费用和成本。这表明随着下一代的成熟,家族会移交更多的责任。

3. 决策。青少年可以成为天生的辩手,但这并不总是对他们有利。鼓励你的孩子做出合理的决定,当他们想要新的东西时,无论是宝马汽车还是去意大利旅行,都要负责任地做出决定。这不该是一场油嘴滑舌的争论练习，让他们解释清楚请求背后的原因，表明他们已经考虑了成本、收益和替代方案。保持开放但坚定。他们会逐渐学会如何仔细思考选择。当他们真正探索过事物之后，能够放弃一个奢侈的要求时，你会获得回报。当然，有时购物违背了根深蒂固的家族价值观，那么是时候说"不行"，并给出解释。这样，你就教授了重要的一课：生活不会满足所有的愿望，即使是对富裕家族的孩子来说也是如此。

管理青少年和汽车这个主题本身就值得写一本书。与家族财富相关，青少年对驾驶的兴趣可以带来一系列可教育的时刻。关键在于设定明确的预期。仅仅因为你有能力给一个16岁的孩子买一辆新的豪华汽车，并不意味着他或她应该期待这样一辆车。我们认识的许多家族都有这样的期望：新手开二手车——还会帮助支付一半的购车费用，以及自付油费。如果这位热切的年轻司机不工作，也不存油钱，那么这辆车就只能停在车库里。我们认识许多青年，他们以赚钱支付仅比自己小几岁的丰田、本田或雷克萨斯汽车为荣。

所有这些策略都假定了一件事：有共度的时间在一起。如果你和孩子就像过路人一样没有交流，你就无法讨论信息、价值观或决策。再次强调，财富会加剧这种情况。当一个青少年有了自己的房子、娱乐、交通工具等时，那么与父母互动的需求几乎为零。对此的应对方法是，从你孩子生命的早期开始，就有意识地花时间在一起，然后始终坚持其中的一些习惯，即使在他们成为叛逆的青少年时。也许是每天的晚餐，也许是周末的仪式，也许是去学校的路上。这也是财富资本非常有帮助的一个领域，比如一起去享受美好的假期。不管是什么形式，花时间在一起，学习就会随之而来——他们向你学习，你也向他们学习。

管理隐私

大多数父母拖延与孩子交流家族财富资本的机会。这种行为的动机很简单：我们谁也不想伤害自己的孩子。大多数父母担心，如果孩子了解家族的财务情况，这一发现会让孩子失去动力，或者让孩子偏离正轨。

虽然可以理解，但这种立场伴随着巨大的机会成本。它妨碍了充分利用我们上面描述的可教育时刻，这样做还暗示孩子：金钱是禁忌。这种禁忌会让成年子女很难成功地将财富融入他们的生活中。

我们概述的步骤为这种整合提供了基础。此外，采取这些步骤可以教会孩子如何管理家族的隐私事务。随着他们的成长，他们周围的人（朋友、年轻的家族成员甚至老师）可能会问他们或对他们的家族财富发表评论。如果他们已经做好了与你交谈的准备，他们会更舒服得体地回应他人，而不会感到羞耻。

第十五章　婚前协议

引　言

在美国，大约40%的第一次婚姻、60%的第二次婚姻和70%的第三次婚姻以离婚告终。[1] 尽管有这些数字，但只有大约10%的已婚人士认为他们有离婚的可能，超过60%的人认为，仅仅提出婚前协议的可能性就会增加他们离婚的机会。因此，对于已经订婚的夫妇来说，面对婚前协议的想法，他们会说："这感觉就像是在我的婚姻还没开始前就协商结束它一样！"这并不奇怪。

尽管如此，在涉及家族财富资本和家族企业时，夫妻考虑婚前协议是很重要的。在接下来的内容中，我们将探讨什么是婚前协议，以及夫妻谈论婚前协议的过程。我们将为那些想和成年子女讨论这个话题，但又担心这样做的父母提供一些考虑因素。我们的目标不是支持或反对婚前协议，而是帮助夫妻和家族对这个重要话题进行富有成效的思考和讨论。

不幸的是，对于太多的家族来说，对婚前协议的讨论在他们应该感到非常高兴的时候，却给他们带来了负面影响。我们希望将这一法律和财务流程引向正确的方向：新家族的定性资本的增长。

---

[1] 根据美国人口普查数据，通过疾病控制中心国家生命统计系统做出解读：http://www.cdc.gov/nchs/nvss/marriage_divorce_tables.htm。

什么是婚前协议？

婚姻是一种自由选择的状态，但它是在州法律下进行的，这带来了一些你必定不会选择的义务，尤其是围绕财产的处理。例如，一些州将婚姻存续期间获得的所有财产定义为"共同财产"，共同持有，离婚时平分。大多数州赋予法官"公平"分割婚姻财产的自由裁量权，这通常包括考虑婚姻持续时间的长短，对获得财产的贡献，以及配偶双方的经济状况。在配偶去世的情况下，一些州要求在世的配偶获得已故配偶三分之一的遗产，这称为"选择性份额"。

婚前协议是未婚夫妻之间的一份合同，用于修改婚姻条款，否则这些条款将受州法律管辖。[1] 通过设立经过深思熟虑起草的婚前协议，未婚夫妻在进入婚姻关系时就知道在离婚或死亡的情况下财产会发生什么。

创建婚前协议的常见原因包括：

● 区分个人财产（婚前和婚后属于配偶一方的财产）与夫妻共同财产（配偶双方共同拥有的财产）。

● 在离婚时，保护每个配偶的个人财产不被分割。

● 保护配偶一方认为是其自己家族传承资产的一部分（如商业利益、房地产或传家宝）。

● 规定配偶一方在另一方去世的情况下，可以获得什么遗产或保险利益。

● 保护配偶一方免于另一方在婚前欠下的债务。

● 保护与前任所生子女的利益。

● 避免因争议性离婚可能产生的巨额法律费用、媒体报道和多年的感情纠葛。

从根本上来说，婚前协议是关于选择：在去世或离婚的情况下，让双

---

〔1〕 参见 http://brandongaille.com/18-interesting-prenuptial-agreement-statistics/，2014年8月14日；检索时间：2016年9月9日。

方选择如何处理他们的财产,而不是将这些选择留给法官或基于州法律的默认立场。万一发生离婚的情况,婚前协议不会让婚姻更容易结束,但它的确可以减少痛苦,让大家少做一些困难的决定,让彼此更快地恢复他们的正常生活。

为了作为合同可以被执行,婚前协议需要遵守一些基本要求[1]:

- 即使由律师起草,也必须由双方签署,并由适当的见证人(如公证人)签名。
- 双方必须有民事行为能力签订合同。
- 他们必须自愿这样做,而不是受到任何形式的强迫。
- 在签署协议之前,双方必须向对方充分披露其资产和负债。资产可能包括储蓄、房地产、股票和债券、退休基金,以及信托利益和预期的遗产。这一步骤可能要求父母和祖父母向夫妇披露他们给予子女或孙辈的信托利益。
- 虽然从理论上讲,婚前协议可以包括几乎任何事情的协议(例如谁洗碗),但法院不会强制执行包含非法或违反公共政策的条款(例如禁止怀孕、不支付子女抚养费,或要求对子女在特定宗教中抚养),或对一方极不公平的条款。

其中一些是常识,但在婚礼前的情感和逻辑混乱中,它们可能被忽略。例如,许多州可能认为在婚礼前仓促签署的婚前协议是在被迫的情况下进行的。因此,在理想情况下,婚前协议应该在婚礼前几个月敲定。

对于大多数夫妇和他们的家族来说,披露信息的要求可能是最大的障碍。在婚前协议签订过程中故意隐瞒重要的资产或负债会使婚前协议无效。一切都必须公开。这意味着尚未告知他们的子女或孙子女的父母或祖父母可能会被迫向孩子和孩子的未婚配偶披露这些信息。

当涉及实际文件时,许多婚前协议第一眼看上去可能是一样的;然而,仔细阅读条款并确保它们符合你的愿望和情况是很重要的。一般来

---

[1] 上述以及本章中提出的所有其他考虑,都是非常具体的事实。读者在考虑自己个人或家族情况时,应该咨询自己的合格顾问。

说，文件应包括：

- 协议日期和协议双方的姓名（通常还有社会保险号）。
- 声明：一份"鉴于"双方自愿且知情地签订的协议，该协议将取代他们根据州法律可能拥有的权利。
- 条款：这些是协议的核心。
  - 条款通常会包括一个关于个人财产的定义，即婚前和婚后分别属于每个配偶的财产。
  - 条款将定义触发协议的终止事件。终止事件的一个例子可能是夫妻中的一方提出离婚。
  - 最后，条款将具体说明终止事件出现后的处理方式，如出售婚姻住所、分割个人财产和分割夫妻共同财产。

如何最好地达成婚前协议

成功的婚前协议最重要的因素是时间。需要时间来确保婚前协议是自愿实施的，而不是被强迫执行的。更重要的是，时间让双方有机会思考婚前协议对他们和他们的婚姻意味着什么。

对于未婚夫妻，我们建议考虑和讨论以下两个问题：

1. 在婚前协议中是否有特定的条款对我来说尤为重要？
2. 关于这个过程，我最想和未来的配偶分享什么？我最想从未来的配偶身上学到什么？[1]

未婚夫妻在与律师见面并开始起草婚前协议之前，思考和谈论这些问题可能会很有帮助。以这种方式进行的婚前协议过程，会让未婚夫妻感觉是自己做出的决定，而没有让人不舒服的被迫感。

未来的配偶也可能会发现，在婚前协议的早期准备阶段，与顾问交谈

---

[1] 作者对哈佛大学前高级慈善顾问查尔斯·科利尔提出的许多问题表示感谢。更多内容请参阅科利尔的《作为家族谈话的婚前安排》，http://docs.wixstatic.com/ugd/fab6ba_1de2cfc0fe4cf5f40e2515f7e88e976.pdf。

是有帮助的。婚姻本身就是人生中一份重要的承诺，再加上可观的财富资本，它所引发的情绪和问题可能会让人感到压力巨大。婚前几个月的咨询可能是家族财富资本对人力资本的真正投资。

对于未婚夫妻的父母

到目前为止，我们已经从未婚夫妻的角度介绍了婚前协议过程。事实上，很少有夫妻，尤其是第一次婚姻中的夫妻，会主动提出婚前协议的话题。在大多数情况下，父母会要求他们的儿子或女儿签订婚前协议。当配偶一方的家族比另一方的家族拥有更多的财富资本时，情况往往就是这样。

这里有些方法来帮助父母处理这种微妙的情况。首先，父母应该认识到，在大多数情况下，他们希望签订婚前协议的想法与小夫妻关系不大或根本没有关系，更多的是与他们家族的财富资本有关。意识到这一点会让人明白婚前协议不是针对某个人的。

其次，父母应该对自己保持诚实，他们已经向成年子女透露了多少关于家族财富的信息。对于父母来说，这通常是非常困难的一步。然而，越来越多的州法律要求父母（或祖父母）披露信托利益或预期可被继承的遗产。披露过程可能是成年子女首次深入了解家族财富的具体内容。父母可能会因为需要与成年子女进行关于家族财富的谈话，特别是面临新的家庭成员（未婚夫或未婚妻）加入家族系统时，感觉到非常焦虑。

父母应该对内外部的现实情况有一个清晰的认识。

外部情况包括家族财富资源的分配情况。当涉及这些资源时（不考虑未婚夫妻目前拥有或可能获得的任何财产），重要的问题是，多大程度上需要婚前协议。[1]

越来越多的父母在他们的有生之年给予其孩子资产是以信托方式进

---

[1] 同样，上述以及本章提出的所有其他考虑因素都是非常具体的事实。我们重申，读者在考虑自己个人或家族情况时，应咨询自己的合格顾问。

行的。如果不计算这些信托利益和家族企业利益,成年子女可能没有多少财富资本可以写入婚前协议。

同样重要的是父母感受到的内部情况。在这方面,父母可以思考和讨论以下问题:

- 为什么我希望(或者不希望)我的孩子签订婚前协议?
- 什么样的个人经历或信念影响了我对婚前协议的看法?
- 我是否愿意将这个决定留给我的儿子或女儿?

如果在这个思考过程之后,父母确实决定他们认为与儿子或女儿谈论婚前协议是很重要的,那么有一些策略可以使这个过程不像乍看上去那样具有潜在的破坏性:

- 理想的情况是,在你的任何一个孩子开始一段认真的感情之前,就开始对婚前协议的讨论。这样,它就不会被视为对任何特定男朋友或女朋友的评判。
- 强调家族传承和家族传统可能会有所帮助。例如,"我们使用婚前协议,是因为我们想确保我们的家族企业成为家族世代传承的资产。我们认为自己是这些资产的管理者,而不仅仅是所有者。它们不仅让我们受益,也让现在和未来的其他家族成员受益。"
- 因为婚前协议很难,父母不要试图独自管控婚前协议的整个过程。
- 父母通常会向他们的子女和未来的配偶推荐法律专业人士。考虑一下这个建议:试着不仅仅推荐你最熟悉的律师,也想想未来顾问的年龄、性别、地理位置和专业知识是否适合你的孩子和他或她的伴侣。

另外,许多父母和成年子女认为是出于对财富资本的担心而不得不使用婚前协议。我们希望本章描述的一些想法和行动能够帮助你——如果你决定签订婚前协议——着眼于用它来增长你完整的家族财富,而不仅仅是保护你的财富资本。

第十六章　着手启动

问　题

当考虑家族财富的旅程时,家族领袖们最关心的问题之一是:"我们从哪里开始?"

在本书中,我们建议最重要的活动是从反思开始:反思你的意图、家族文化和家族企业的发展。对重大问题的反思是任何深思熟虑的行动的基础。

为了帮助进行反思,我们通常会邀请家族成员问自己一些问题。世界上没有一份任何时候都正确的提问清单;哪些问题最相关和最有帮助取决于你在生活中所处的位置,你的家族所处的发展阶段,以及你在这个旅程中所扮演的角色。

然而,通过多年与许多客户讨论这些问题的经验,我们知道一些问题在促进富有成效的反思和讨论方面是非常重要的。我们在这里分享一些你可能希望开始思考的问题。独自思考这些问题,是与其他家族成员进一步讨论的良好准备。如果你想查阅更全面的问题清单,以及行业专家针对每个问题撰写的章节,请参见我们的《智慧财富:富裕家族提出的前十大问题》(*Wealth of Wisdom: The Top Questions that Wealthy Families Ask*, Wiley, 2019)。

思考的问题

- 我认为自己富有吗？财富对我意味着什么？
- 我认为幸福生活的主要因素是什么？
- 我希望我的遗产是什么样的？
- 我想给我的孩子留下多少财富，何时留下？
- 我对继承财产持有什么样的信念？
- 我们家族如何最好地共同决策？
- 我的家人在相互沟通时面临哪些挑战，我们如何克服这些挑战？
- 是什么让我的家族与众不同？
- 在就我的商业事务、金融财富或家族事务做出决策时，谁是我最信任的顾问？
- 我希望我们保留哪些家族传统？我们应该放弃什么？我们可以采纳哪些在未来服务于我们的新的实践或想法？

实　践

除了反思和讨论这些问题，一个家族还可以采取许多行动步骤来完善其完整的家族财富。我们已经在前文中详细介绍了这样的行动步骤，在接下来的内容中还会分享更多的行动步骤（比如召开家族会议）。

在这一点上，我们想强调三种实践做法，我们认为这三种做法对那些刚刚踏上发展完整家族财富之旅的家族最有帮助。我们希望你能尽快将它们融入你的旅程中：

1."家族企业的三环模型"：我们在第二章全面地描述了这一概念工具及其用途。它设想每个家族企业都是家族成员、所有者和管理者的结合体。我们建议用它来引导你和家族成员适应你们所处的家族企业中的不同关系。这是一个很好的工具，可以用来确定你在哪里花费了时间和精力、哪里没有,哪里是你想要的。它还可以帮助你对不同种类的决策进行分类,并开始厘清困扰你的冲突。

2. 家族沟通的三步法,我们在第七章描述了这个过程。这是一种简单而有效的方法,可以确保交流不会被我们预先设定别人会对我们说什么(也就是"读心术")所阻碍。简而言之,在这个过程中,第一步是在你自己的头脑中澄清你想说什么;第二步是每个人分享自己的想法,而其他人不打断地倾听;第三步是寻找不同观点中的共同点,并据此采取行动。你可以在配偶或伴侣之间、兄弟姐妹之间、父母和孩子之间等使用这个方法步骤。

3. 代际对话:我们将在第十七章"家族会议"中更多地讨论这种做法,但你也可以在家族会议之外使用它——比如晚餐时或度假期间的某些"空闲时间"。在这种"对话"中,在场的每一代人都思考:作为一代人,他们想向在场的另一代人学习或询问什么,以及他们想告诉或与另一代人分享什么。父母和孩子可以一起做这个练习,或者祖父母、成年子女和孙子孙女也可以一起做。思考一段时间后,每一代人都与另一代人分享他们的问题和陈述。这个对话的目的是开启另一次谈话——没有必要试图回答所有提出的问题。这些问题可以被记录并保存下来,供将来家族成员再次讨论。

第十七章　家族会议

准　备

家族会议讨论各种与财富资本相关的问题,例如,许多家族与顾问举行季度或年度会议,回顾投资业绩。这种会议的议程通常由顾问主导,并管理会议的进程。

一些家族会举行会议,来管理他们完整的家族财富。这种会议涉及无形的东西,如价值观、愿望、关注点,甚至冲突点。正因为如此,它们可能很美好,也可能很有挑战性。家族会议必须有议程。管理这个过程通常需要相当程度的准备和技巧。因此,大多数家族在考虑是否以及如何召开真正的家族会议时感到有些焦虑。

这一章旨在减少一些焦虑,并为你提供清晰的路线图,以考虑是否以及如何召开一个真正的家族会议。为了本章的目的,我们将使用"家族会议"这个术语来涵盖从半天的聚会到多天的家族研讨会的全部内容。重要的不是会议的时间长短,而是会议的目的:这是一次由家族主导的会议,而不是受其他人议程的推动。它关注的是完整的家族财富,而不仅仅是财富资本。

家族会议成功的关键在于准备。每次召开家族会议之前都应该有几周,甚至是几个月的准备时间。家族可以利用这段时间:

- 确定家族成员的共同目标以及他们希望在家族会议上讨论的话题。
- 根据执行摘要拟定一个明确的议程,并公布给家族成员。
- 准备支持会议议程所需的材料,如财务报表、投资报告、基金会捐赠支出报告和推荐阅读材料等。

家人通常会惊讶于在家族会议之前要花费如此多的时间和精力。一个家族在会议前对决定和澄清要讨论的内容投入的精力越多,会议就越有成效。此外,所有与会者在参加会议时都将清楚地了解会议内容以及他们的期望。

通过帮助家族设计了几十个甚至几百个家族会议,我们发现事先花点时间回答一些问题会有很好的效果。我们把这些问题和这一章分成家族会议的原因、内容、对象、时间、方式和地点等主题。

为什么要开家族会议？

大多数家族没有家族会议。那么为什么要这么做呢？

答案是,家族会议是一个富有家族可以用来增加其完整财富的最重要工具之一。毫不夸张地说,每个成功经营多代的家族都很好地利用了家族会议。

管理良好的家族会议至少有三个目的:

1. 保持联系。
2. 帮助家族成员学习。
3. 共同做出重要决策。

定期的家族会议提供了一个交流平台,可以以公开和直接的方式分享新闻、关注、机会和挑战。家族领袖能够以真正协作的方式商议并共同做出决策。会议提供了帮助年轻家族成员学习家族财务和家族传统基础知识的机会。

在家族会议中做什么?

在家族会议中,清晰的议程和明确的目标至关重要。没有一个明确的议程,会议可能会漫无目的地进行,因此成员可能会觉得无趣或离开时感觉重要的事情没有完成。

举办家族会议的原因不同,家族会议上安排的活动也会不同。我们在家族会议上看到的一些比较常见的活动有:

- 要求每个家族成员互相告知他们生活中发生的事情、他们的个人目标和计划。
- 举行价值观澄清活动。我们看到家族成员喜欢的一个练习是,让每个成员思考并回答这个问题:"什么对我最重要,为什么?"我们认识的家族也用过这个问题:"什么样的生活才算精彩?"为了讨论这个问题,我们让老一辈的家族成员聚在一起,共同想出他们的答案。年轻一代家族成员则在一起想象,假设他们现在已经50岁了,回顾他们的人生到这个年龄,他们的答案会是什么样的。然后两组人聚在一起分享他们的想法。我们还与家族做的另一种练习是,首先一起定义他们眼中的家族"基本价值观",然后按每一代人进行分组,分别从他们各自的角度来定义家族的"当前价值观"。通过将基本价值观和当前价值观相结合,家族可以决定制定一份家族价值观声明。这份声明不需要一成不变,它可以随着家族当前价值观的改变而改变。
- 讲述故事,如家族成员如何从商业或慈善事业起步。
- 了解彼此的沟通风格。这样的练习既有趣又开阔眼界。让配偶或其他家族成员猜测彼此的交流风格可能会特别有趣。
- 了解彼此偏好的学习方式、期望的工作、个性,以及与受托人交往的方式。
- 审查家族企业的运作情况或家族的财富结构及其当前表现。
- 一起拜访家族慈善的受赠者。

- 了解彼此在家族企业中的角色。一个特别有趣的方法是准备一系列帽子,然后要求家族成员根据不同的身份戴上不同的帽子,比如他们分别是父母、孩子、信托创建者、信托受益人、企业董事、经理或雇员等身份。一些家族成员很快会发现自己头上戴着四五顶帽子!

- 作为不同代的成员相互了解。正如第十六章所提到的,我们称之为"代际对话"。家族中的每一代人分别组成自己的小组,小组内回答这些问题:"我想和另一代人分享什么?"以及"我想从另一代人身上学到什么?"然后,这些小组被重新召集在一个大组里,分享他们的问题。想象一下,从你的父母那里听到他们最想与你分享的东西,或者和你的孩子说说你想从他们身上学到什么东西。这是一个真正有用的练习。

家族会议上有谁?

简单地说,与会者的名单应该根据会议的目标来制定。

如果主要目标是解决冲突或建立团队,那么将出席者限制为家族成员和几个组织者可能很重要。另外,如果会议将涉及各种技术问题,可以邀请专家出席部分会议内容,包括律师、会计师、投资顾问,甚至家族企业或人力资源顾问。如果目标是鼓励几代人之间的联系,参与家族慈善事业,或培养未来的领导力,那么让青少年和年轻人在场是非常有意义的。长者也可以参加,提供智慧、传承和指导,代表家族传统的声音。

14岁以下的儿童会发现很难在冗长的家族会议中坐稳椅子,因此对儿童的照顾安排很重要。然而,对于较大的家族会议,开发适合儿童或青少年的分组活动,如学习某些金融技能、进行一项团体慈善项目或只是一起去远足,可能是一个很好的主意。总有一天,这些堂兄妹会成为自己主持家族会议的成年人。

正如我们在第七章中讨论过的,许多家族在考虑是否邀请配偶参加家族会议时会感到犹豫不决。同样,是否邀请配偶参加取决于会议的目标是什么。如果目标是分享特定的传承规划信息,那么应该首先让血缘家族成员会面,共同决定如何更广泛地分享信息。如果目标是教育下一代,那么当然应该邀请配偶作为这项工作中的关键角色参加会议。

另一个经常出现的问题是:是否邀请外部的主持人。在刚刚开始和更复杂的情况下,使用主持人是有意义的。当家族面临危机时,主持人可能是非常有帮助的。许多家族在最初的几次会议中也会邀请主持人或顾问,然后逐渐自己接管这些职责。我们合作多年的家族可能会自己主持每季度或每半年的电话会议,并要求我们主持年度或每两年的家族会议,以帮助他们"调整"他们的关系或学习新的技能。

什么时候开家族会议?

时间是家族会议的另一个核心要素。会议可能持续一个下午、一天、一个周末或几天。时间的长短取决于议程、复杂程度以及家族的规模和状态。

通常情况下,家族会试图在一天中安排很多事情,在一天结束时,成员们会感到筋疲力尽。如果你有很多内容要讲,我们建议把材料分成两个半天的议程。你可以每天上午10点至下午1点开会,在两次工作会议之间有下午和晚上的休息时间。这种休息让个人有机会恢复精力和非正式地相互交流。休息时间也可能引发关于第一天材料的反馈或问题,这些问题可以在第二天的会议中解决。

家族会议可以帮助处于任何发展阶段的家族。在艰难的过渡时期,家族会议尤其重要,可能涉及企业出售、领导层更替或主要家族成员的死亡或残疾。定期召开会议的家族在面对这些挑战时更有优势。

定期的家族会议也给家族一个庆祝积极转变的机会。年度会议可以作为欢迎家族新成员或祝贺新父母的时间。这也可能是一个庆祝成年或有人在家族企业中晋升到领导职位的场合。为这些庆祝活动留出时间,表明每个人都知道这个家族的关键资源是每一个家族成员。家族当前的需求和发展状况决定了会议的频率,可以是按季度、半年度或者年度。通常，当一个家族刚刚开始举行家族会议时，保持每半年举行一次会议是有意义的。当会议运行一段时间后，每年一次会议可能就足够了。会议的频率也取决于家族有多经常一起正式或非正式聚会。

最后，会议的时间安排至关重要。同样，人们会高估自己对一次会议能够吸收的信息量。好的做法是让家人经常休息，包括会议中咖啡时间的短暂休息和散步、小憩或锻炼等更长时间的休息。

如何开一个有效的家族会议？

您是否曾经参加过出席者只有一半在场或每个人都在相互说话的会议？家族会议需要聚集和专注才能实现其目标。家族需要采取措施，确保它们最重要的资产——家族成员——准备好并能够有效地开会。

首先，计划好儿童看护通常是让所有参与者感到舒适的关键步骤。其次，重要的是记住不同的人以不同的方式学习：

- 有些人发现在会议前仔细阅读大量文本或数字是非常容易的。
- 其他人可能是视觉型学习者，从活动挂图或图解幻灯片而非文本中受益。
- 大多数人消化许多小的信息部分，比在一个持续的时间内消化大量数据要更好。

许多家族也忘记了一个会议应该同样重视倾听和分享。例如，许多父母利用家族会议向他们的成年子女披露有关他们的传承计划或持有财产的信息。但是这些信息伴随着情感的重量。确保你总是给与会者一个机会来处理他们所听到的信息，并有空间做出反应和回应。

在成功的家族会议所需的所有要素中，具体的基本规则可能是最重要的（参见本章末尾的基本规则示例）。你可能想利用第一次家族会议来讨论和决定会议的基本规则。在家族活动中强加规则似乎很奇怪，然而，正如任何社会礼仪或行为准则一样，一套健康的规则的存在不是为了扼杀爱和关怀，而是为了帮助我们表达它们。

每个家族都应该记住的一件事是,基本规则一旦被采纳,就必须坚持。在激烈的讨论中,成员们不可避免地开始违反规则。这时的关键是家族如何应对。每个人都必须遵守规则,这样可以抵消任何特权感。这些规则是现实的证据,表明尽管家族很富有,但对所有人都是负责任和尊重的。

有时,即使有好的基本规则,家族会议中也会发生冲突。在这种情况下,有一个外部调解人来管理冲突会有所帮助。但不管你有没有调解人的帮助,都有一些以有效方式处理冲突的步骤:

- 区分合理的分歧和不合理的冲突。问问你自己:"这种分歧是促进了好的讨论,还是妨碍了会议的有效性?"
- 首先寻求理解,然后再表达自己的观点。在回答之前,问问题以澄清他人观点。
- 说出你所看到的冲突根源,并要求小组成员也这样做。例如,冲突可能来自沟通不畅、不同的需求或兴趣、不同的价值观或信仰,或者是一种无效的会议结构。如果你说出了冲突的根源,而其他人肯定这就是问题所在,那么这个团队就在解决冲突的路上。
- 提醒相关的避免冲突或解决冲突的基本规则。例如:倾听、尊重他人或保留自己的观点。
- 寻找共同点。例如,也许你们在赠予某个慈善组织的金额上有分歧,但你们可以肯定你们对慈善事业或某个慈善领域的共同兴趣。肯定共同点会减轻冲突的痛苦。
- 提醒他人(和你自己!)有不同的价值观和观点是正常的。
- 休息一下。当团队似乎毫无进展时,休息一会儿,让大家恢复平静。

更多关于如何应对存在强烈分歧观点的对话技巧,请参阅本章末尾部分。

在哪里开会？

家族会议是特别的事件。许多家族在回顾特定的会议时，会将其视为发展的转折点，并赋予其特殊的意义。家族会议通常会成为家族集体记忆和传统的一部分，它们应该在特殊的地方举办。

父母的家或办公室经常会带来负面的影响。在家开会可能会促使家族成员回到旧的行为模式，此外，这可能让不太熟悉这个地方的姻亲或孩子感到不安。

召集家族成员在度假胜地、租来的房子或乡村俱乐部开家族会议，将花费一定的费用，但这笔钱是值得的。利用家族资源开会向家族传达了一个重要的信息："我们不仅仅要增长财富，我们也要发展自己，一起成长。"

会议设施除了工作场景，还应该考虑到娱乐场景。当人们对自己和彼此都感觉良好时，他们在一起工作效率最高。

家族会议的地方应该方便所有要参加的人。期望成员出席但让出席变得麻烦，这是不公平的。其他需要考虑的方便性事项包括：

- 确保卫生间方便使用，数量充足。
- 减少可能妨碍听力的噪声，尤其是对年长的家族成员。
- 使用音频系统，让所有人都能清晰地听到和说话。
- 让远道而来的与会者在会前有时间休息。
- 安排充足的餐饮。

明智的家族认识到，家族会议不仅是讨论内容，它还涉及过程、会议的地点和它所创造的记忆。一个精心选择和准备的环境可以给家族带来极大的舒适度和生产力。

基本规则示例

保持专注

通过放下潜在的干扰因素，来表达你的尊重和承诺。关闭电子设备。如果你的孩子或生意出现紧急情况需要联系，请指定一个联系人。准时出席会议，以便能够完成任务。全身心地参加这个会议。

在言语和行动上要尊重他人

说话要尊重，别人说话的时候要注意倾听，避免插话打断他人发言。避免消极的肢体语言，如翻白眼、摇头或其他情绪反应的迹象，除非你接着直接谈论自己的反应。尽量不要说脏话。如果你有问题或观点要提出，等待机会或举手示意。当别人在你说话的时候这样做，你也会很感激。

倾听

倾听是一项必须练习的技能，但它会带来巨大的回报。在表明自己的观点之前，要表现出你理解了对方的意思。你可能会发现，你是对自以为对方说的意思做出回应，而不是对方真正所说的话。当别人表达与你不同的意见时，确保你在听他们说什么。

要耐心

认识到并接受，在有限的时间内，并非所有的意见或问题都必须马上处理。愿意放下一些事情，选择你认为最重要的问题。随着时间的推移，重要的事情可能会得到解决。

坚持你自己的观点

做出"我"的陈述，而不是泛泛的陈述。暗示你知道真相或某事"是显而易见的""每个人都知道那是骗人的"，是没有帮助的。说"我真的不同意你刚才说的话"更诚实，可能也更准确。如果其他人确实同意你的观点，那么很明显在某个问题上有共识。如果你的观点不被其他人认同，你可以尝试接受新的观点或解决方案。

愿意调整你的说法

以诚实为借口说出你感受到的一切,可能只是一种攻击的幌子。用策略和尊重来表达你的观点。适当调整你的说法,会让你更容易被别人听到,这也会减少其他人产生防御心理的机会。

有效沟通困难话题的策略

1. 总则
- 每个人都对沟通的成功负有责任。
- 相信对方的善意。

2. 有用的提醒
- 举手示意你想发言。
- 注意语气:最重要的不是你说什么,而是你怎么说。
- 准备好原谅。
- 一起玩耍!共享愉快时光让谈论困难话题变得更轻松。
- 使用"停车场"标识来记录我们现在没有时间讨论,但又不想忘记的想法或行动。

3. 如果你感觉卡住了:区分"过程"和"内容"
- 根据经验,如果你发现在谈话中遇到困难,那么就从内容切换到过程:我自己、我们内部或我们之间发生了什么,可能会引起挑战?

4. 注意以下情况
- 你的感受——你是否开始感到有情绪(比如愤怒、受伤、悲伤)?
- 你的行为——你是否退缩、对抗、变得更加言辞激烈、用幽默转移话题?
- 其他人的感受和行为——他们如何回应(同样在回避、对抗等)?
- 决策程序——如果这不清晰,要求澄清。

5. 实践五个关键步骤:
- 保持尊重地倾听,不要打断。分享你认为自己已经听到的内容,以获得澄清和验证。

- 提出澄清性问题。("你能不能多说一下……")
- 分享你自己的观点,用"我"陈述。
- 确定共识点。
- 就解决分歧的后续步骤和计划达成一致。

第十八章　家族故事和仪式

生活的素材

每个家族都有故事。生活的大部分是故事，是故事的集合。如果你想知道这底下有什么，可以这么说，你要开始挖掘并自己寻找。但是我们没有人记得自己的出生，甚至自己生命的最初几年的事情。我们当然不知道出生前发生了什么。我们依靠来自父母和其他人的故事来充实我们对自己来自何方的认识。反过来，这些故事塑造了我们如何思考、我们在哪里、我们要去哪里。

我们在本书的几个地方强调了故事对于富有家族的特殊重要性。财富资本有时会让人觉得它就是整个故事，或者它反而可能会让家族陷入沉默。无论是哪种情况，一个希望长期保存完整财富的家族都必须学会让自己的故事保持鲜活。这是家族自身能够延续下去的唯一方式。

虽然每个人都喜欢故事，但有时家族很难开始讲述家族故事。下面是一些我们看到，能够促使家族成员在家族会议上讲故事的问题。如果你计划在即将举行的家族会议上要求特定的家族成员分享一些故事，也许可以提前给他们这个清单来做准备：

● 谁在你的生活中扮演了重要的角色？这个人是如何塑造你的人生、观念和价值观的？

- 你在生活中吸取了哪些重要的教训?
- 回想你的过去,你觉得自己最满意、最自豪的成就是什么?
- 迄今为止,你面临的最大挑战是什么?你从这次经历中学到了什么?
- 你最想保留并传给后代的故事、价值观和信仰是什么?

讨论这些问题,并认识到这些故事给我们自己和周围的人留下的印象是非常深刻的。

这也有助于认识贯穿我们家族生活中最有影响力的故事的一些主题。例如,许多家族都有失败、危机或灾难的故事,这时整个家族不得不迁移他处、重新开始。这些故事探讨了坚强和韧性的主题。它们通常还包含有关其他人对家族成员的善意的重要描述,提醒所有人,家族在一定程度上是依靠其他人的善意生存下来的。

一些家族可能觉得讲故事不安全,尤其是关于金钱的故事,因为这些故事可能会带来对特权、虐待或冲突的描述。然而,分享艰难的故事与分享胜利和幸福的故事同样重要。通过向孩子和其他新生代展示如何应对困难的故事所带来的情绪,你提供了管理这些负面情绪的成熟方式——他们也将有一天不得不自己处理这些情绪。事实上,在讲故事时,重要的是不要把故事讲得太完美或包装得太好。让一个故事吸引人的地方往往是它的离奇和意想不到的元素。

说到分享故事,我们看到家族有各种方式:

- 在一整天的家族会议后,家族领袖可能会把每个人聚集在火堆旁,讲述他或她年轻时的故事。(希望不是成年父母听过20遍的故事!)
- 还有另外一种形式,家族中年龄最大的成员可以讲述他或她记得的小时候从家族中年龄最大的成员那里听到的故事。这样的故事可以记载这个家族在过去100年或150年间的存在。然后,这个成员可以指出,这个家族中最年轻的成员很可能在70年或80年后把同样的故事告诉他们的孙辈。
- 作为代际对话练习的一部分(如第十七章"家族会议"所述),每一代人都可以思考他们想与另一代人分享的故事,来阐述他们想让另一代人了解自己的某一点。

- 我们见过这样的家族,其中新生代成员要求他们的父母或祖父母告诉他们关于如何开始做生意或从事慈善事业的故事。让新生代成员使用前面列举出的问题去采访祖父母,这件事本身就会特别有趣。
- 一些家族鼓励讲故事,在每次家族会议上安排祖父母和孙辈共进午餐。这时父母离开房间,让长辈和新生代得以独处,创造美妙的连接方式。
- 我们也看到一些家族中,新生代成员要求父母告诉他们年轻时的"隐私"。但这些故事最好在私人场合分享,而不是在家族会议上。

仪　式

仪式与家族故事密切相关。讲故事是一种仪式行为,故事赋予仪式以形式和合理性。

我们已经强调了长辈在家族仪式中的作用。在这里,我们将概述一些关于仪式对家族生活的重要性的想法。

仪式不同于典礼。典礼——如婚礼、洗礼或葬礼——通常以传统的、固定的言行作为标志。但是这些典礼活动确实标志着仪式的结束环节和人生新阶段的开始。典礼并不是仪式本身。

仪式有三个主要阶段。[1] 第一阶段是与日常生活的中断。它通常带有某种一个人再也回不到过去模式的觉察,因此会伴随一种庄重的感觉。第二阶段是关于创造一个与生活其他部分相隔离的空间,在这个空间里,新的知识可以发展,或者新的信息可以分享。第三阶段是参与者重新进入日常生活,并整合他们在平行空间中学到的知识。第三阶段通常以典礼为标志,公开表明生活新阶段的开始。

---

[1] 参见 Arnold Van Gennep, *The Rites of Passage*, trans. Monica B. Vizedem and Gabriele L. Cafe(Chicago: University of Chicago Press, 1960)。

仪式有时可能看起来很傻，但它们总是有严肃的目的。以下是一些明显的例子：

- 新成员的诞生
- 成年礼
- 与新成员结婚
- 新长者的产生
- 家族成员的死亡

在所有这些例子中，仪式的目的不是约束成员或限制他们的自由，而是为他们未来的成长奠定基础。如果人类像树一样，以稳定的线性方式成长，也许我们就不需要仪式了。但是我们的成长是不连续的：我们经常与过去的生活阶段断开，并需要跳到新的阶段。通过提供向前发展的程序，仪式为真正的人类自由创造了条件。

我们已经看到家族在会议中使用许多仪式。一个简单的仪式是用一些有关希望和感激的话开始和结束会议。家族成员也可以让参与者围桌而坐，互相告知自上次会面后他们生活中的新变化。另一个仪式是邀请任何一个新成员——年轻人或新配偶——分享一些关于他们自己和他们梦想的话。在一些家族中，这些话伴随着记录该成员生活中重要时刻的幻灯片。同样的仪式也适用于纪念自上次会议以来已经去世的家族成员。

顺便说一句，在一个家族中，叔叔和阿姨通常是成年仪式的核心。在大量财富资本的背景下，我们遇到过许多这样的家族：在父母的要求下，叔叔或阿姨首先向新生代成员讲述家族财富的具体情况。叔叔和阿姨们保持着距离感，又有亲密感，这让他们既表现出关心，又能让人感受到一些乐趣和兴奋，从而能引导新生代成员度过这个艰难的转变期。出于同样的原因，在新生代在高等教育、职业和独立家庭生活的过渡期中，叔叔和阿姨们通常会成为他们的非正式导师。这就是成长的各个方面，但在我们的现代世界中，成长有时没有得到足够的庆祝。我们越能正确看待这些转变的重要性，我们就越能尊重叔叔和阿姨们在帮助新生代成功的过程中所扮演的重要角色。

第十九章　家族使命宣言

为何家族使命宣言很重要

正如我们在第二章中看到的,共同的目标感对于家族的世代繁荣非常关键。本章介绍了什么是家族使命宣言,如何创建,以及如何与你的家人有效地使用家族使命宣言。

我们对世代繁荣的家族的研究表明,它们成功背后的因素之一是家族成员认同它们的核心价值观,并利用这些价值观来表达共同的梦想。这就是家族使命宣言的意义所在。

有时,人们会将更注重行动的使命宣言与更广泛、更有抱负的愿景宣言区分开来。我们将使用"使命宣言"一词来涵盖这两种可能性。正如我们在第十七章提到的,有些家族会制定价值观宣言。我们将很快看到,我们认为家族价值观与家族使命宣言是密切相关的。

正如我们所描述的那样,家族使命宣言描述了一个家族共同努力的原因和目标。正如爱丽丝从柴郡猫身上学到的,如果你不在乎你要去哪里,你在哪里都一样。家族使命宣言确保你的家族不会只是在某个地方漫无目的地徘徊。但是,如果一份宣言不是建立在对家族的价值观和愿景的坚定认识上,那么它将只是一纸空文。

什么是家族使命宣言？

一份经过深思熟虑的家族使命宣言阐明了一种共同的目的感，为持续的对话提供了一个舒适的基础，为新生代家族成员提供了关于家族的指导，并融入了每个家族成员独特的思想、才能和贡献。宣言可以是几行或者几段话，不管它有多长，这份宣言都试图回答以下四个问题：

1. 我们是谁？
2. 我们代表什么？
3. 我们想做什么？
4. 我们将如何实现我们共同的目标？[1]

家族使命宣言将反映家族的个性、历史和价值观，以及共同努力的主要领域，例如商业或慈善事业。

以下是简要介绍家族使命宣言的三个例子：

1. 我们的家族使命是通过培养我们对自我、家族和社区的热情来保护和促进有责任心的管理者精神。

2. 我们希望我们的资本能够让我们的孩子及后代找到自己的热忱所在，并追求卓越。

3. 我们的家族使命是发掘和维护我们祖先的价值观，同时鼓励后代的独立思考和理想，以增强我们家族的核心价值观。

更全面的介绍如下：

- 我们的家族有意识地决定保持团结。我们相信保持团结能够让我们积极而有目的地：
  - 支持个体成员发现和追求他们的使命。
  - 支持个体成员发展他们的才能，造福社会。

这是一个已经走过七代人的家族企业的使命宣言的开篇，它将目光

---

[1] Leslie Dashew et al., *The Keys to Family Business Success* (Aspen, CO: Aspen Family Business Group, 2011).

投向了未来的七代人。这个家族的使命是：

成为有第十四代人的家族企业——财务稳健，思想进步，并深深地致力于我们的企业、我们的员工、我们的社区及彼此的福祉和幸福。

如何创建家族使命宣言

为了持久地对一个家族产生积极的影响，使命宣言通常是由整个家族共同制定的，而不仅仅是由某个成员来完成的。当族长独自写下一份使命宣言，即使得到了家族的批准，它也可能很快消失在一个文件夹中，被遗忘了。

这条规则也有例外。例如，钢铁企业家亨利·菲普斯（Henry Phipps）在1911年给他的儿子写了一封简短的信，概述了他对管理家族财富的价值观和做法的希望，这封信至今仍指导着他们的家族办公室。

因为创建家族使命宣言是一个团队的努力，所以组织这个过程是很重要的。最好是在家族会议或专门讨论这一任务的会议中进行。我们建议采取几个步骤，留出充足的时间进行思考和讨论。

第一步是建立一个积极的框架，作为一个家族去思考并谈论这些问题：什么时候我们每个人都感受到了强烈的作为一个家族的团体意识或情感连接？是什么造成了这种感觉？

有了这种连接感，你就可以和家人一起讨论以下问题：

- 作为一个家族，我们的核心价值观是什么？
- 为什么我们想要作为一个家族团结在一起？
- 我们希望保留哪些家族传统？
- 作为一个家族，我们希望对世界产生什么影响？
- 我们希望保持多大的连接度，以及希望多大程度的独立？

讨论这些问题有助于澄清家族的价值观。家族价值观是建立在每个家族成员的共同价值观之上的。澄清家族价值观的一种方法是使用一套写有价值观词汇的卡片，让家族成员选出他们认为最重要的五个价值观词汇。然后，成员可以分享他们的选择清单，并查看哪些价值观出现在所有或大多数成员的清单上。

第十七章提到的一种更简单的方法是让每个家族成员思考并回答这个问题："我最在乎什么，以及为什么？"随着家人们依次回答这个问题的时候，他们的个人价值观就会显而易见。然后，可以将这些个人的价值观组合成一个共享的家族价值观。

一旦家族有了共享的价值观清单，你就可以把它转化为家族使命宣言。这份价值观清单，或许会加上一些解释，以阐明这些价值观对家族的意义，也可以作为使命宣言本身的附录。

简洁是家族使命宣言的一个关键点。如果使命过于冗长，就会很难记住。与此同时，家族可能希望创建一个使命宣言的附录，以定义在使命宣言中使用的词语。通常需要定义的词语包括"教育""工作""自我实现"等。

如何使用家族使命宣言

仅仅谈论价值观和回答"我最在乎什么，为什么？"就已经可以加强沟通，共享理解。而一旦有了家族使命宣言，你就可以以多种方式来使用这个宣言。

例如，考虑使命宣言应该涵盖更大的家族系统的哪些部分，以及如何触及它们。如果一个家族有正在经营的家族企业，那么家族使命宣言可以适当表达家族希望企业对世界有怎样的影响。此外，对于经营企业的家族来说，最佳的做法是建立家族委员会，以表达家族对企业的意见；家族使命宣言是这个机构的天然的指导原则。家族使命宣言也可以影响家族的慈善决策，无论是通过家族基金会还是捐赠基金。一些家族制定了家族宪章，将它们所有的经营实体和家族委员会联系在一个家族治理系统中。家族使命宣言通常位于文件的开头，并为随后的程序提供指导。（有关家族治理和这些结构的更多信息，请参见第二十章。）

家族使命宣言的一种简单用法是在每年的家族会议或聚会开始时大声朗读，来提醒会议桌旁的每个人，什么对这个家族是真正重要的。随着家族的成长和变化，重新审视和修订家族使命宣言是很正常的。这个练习是重申家族共同纽带和澄清大家真正在乎的事情的有力方式。

汇总工作表

既然你已经了解了家族使命宣言，那么你可以按下面的内容将学到的东西付诸行动。

1. 确定家族的核心价值观。
2. 确定你们想要作为一个家族团结在一起的原因。
3. 作为一个家族，你们想保留哪些传统？
4. 作为一个家族，你们希望对世界产生什么影响？
5. 你的家族使命宣言初稿会是什么样的？
6. 确定即将到来的聚会或场合，在这个场合中家族成员可以讨论或相互提醒家族使命宣言。

第二十章　家族治理

谦逊和自由

如果一个家族打算建立某种治理结构,那么它应该带着深深的谦逊感去做。没有尊重和自由的意识,协议就不会起作用。如果不能认识到它服务于超出家族本身的事情——家族成员个人的福祉以及他们为更大的社会利益做出贡献的能力,整个活动就会让人感觉像是在例行公事。

对许多家族来说,谦逊让他们认识到,他们需要的不是治理体系,而是如何明确清晰地在特定领域做出决策。也许这就是他们每年决定在哪里过感恩节,或者家族去哪里度假的方式。他们可能需要重新审视如何在家族基金会中做出决策的协议,或者家族信托中管理自由裁量分配的条款。这些都是做决策的例子,并不一定需要一个系统将它们联系在一起。在这些事情上实现明确性,可能要靠我们在前面章节中描述的沟通实践或家族会议的工作。

换句话说,大多数家族以"联邦模式"运作得最好。在这种模式下,每个分支或核心家族保留对大多数事务的决定权,而少数决策权则交给整个家族机构。这样的联邦模式在保持自由的同时仍然尊重联系。不幸的是,许多顾问受创始人控制欲的驱使,创建出的制度强烈倾向于中央集权。对大多数家族来说,这种偏见无法支撑家族的进化。

在联邦模式中,涉及整个家族的事项有哪些?对一个核心企业或家族基金会的监督管理可能属于这一类事项。此外,确保家族对这些机构的战略方向有发言权也是可取的。一个大家族还会发现,汇聚资源来帮助家族成员了解其家族企业或财富结构是高效的。

家族治理是一种契约,它必须是自由达成的。如果人们要放弃一些自由——正如治理所要求的那样——那么他们必须感到自己也因此获得了自由。自由的重要性也意味着治理不是一劳永逸的活动。在创建新的同一代人的社会契约时,必须与每一代人更新协议。[1] 每一代人都必须问自己:"我们为什么要一起做这件事?为什么要放弃一部分自由?"创始人的回答或者上一代人的回答还都不够好。如果治理制度对这一代人和后一代人没有积极的吸引力,那么它最终会耗尽家族的社会和精神资本,摧毁整个家族。

家族宪章、家族委员会和家族大会

治理不是某些确定的形式,如家族宪章或基金会手册。

为了防止这种误解,我们发现我们的同事帕特里夏·安格斯(Patricia Angus)设计的三类区分法很有帮助,可以区分家族治理中的3P[2]:

- 原则(Principles):家族的愿景、使命和价值观——第十九章所提问题的答案。其他一切都源于这些基本理念。
- 政策(Policies):这里包括家族宪章或信托文件。这些内容概述了家族就重要事项做出决策的规则,如信托分配、家族委员会的组织或家族与经营企业之间的互动。
- 实践(Practices):这可能包括本章中所描述的一些实践,如家族会议或家族开展总结的流程,或与新生代家族成员财商教育相关的实践。

原则通常是相当持久的,政策可能会随着家族生活的重大变化而改

---

[1] 关于横向社会契约概念的更多信息,参见 James Hughes, *Family: The Compact Among Generations* (NewYork: Bloomberg, 2007), 129—135。

[2] Patricia Angus, "The Family Governance Pyramid: From Principles to Practice," *The Journal of Wealth Management* (Summer 2005), 7—13.

变,实践可以根据家族的需要而灵活调整。关键是要认识到,虽然实践可能是最容易设计的,但如果没有政策框架做支撑,它们就不会持久或发挥作用;反过来,政策如果没有坚持以达成共识的原则作为基础,它们也无法获得持续发展的动力。

关于政策,在家族治理系统中,最基础的文件是家族宪章。我们见过只有一两页的文本,我们也见过长达五十多页的文本。页数反映的是家族希望通过家族宪章来实现的内容。我们举例来说明一些主要章节。

一份家族宪章通常以目标声明开始。例如:

作为史密斯家族的成员,我们共同制定了这部宪章来帮助我们的家族世世代代发展壮大。我们相信,一个经过深思熟虑的家族治理体系对我们无论作为一个家族,还是每个家族成员个体的幸福都至关重要。我们希望这部宪章将是一部不断发展和优化的文件,当前和未来的几代人将在此基础上不断反思和改进,同时持续尊重我们共同的价值观和文化。

其次,家族宪章可能提供对家族的定义。例如,作为共同祖先的所有后代,连同他们的配偶和子女。家族宪章也表达家族价值观,在一开始就澄清这些价值观是非常关键的(关于这一步的更多信息,请参见第十九章)。宪章还可能会列出家族成员在会议及相互对待时的一些基本规则(有关基本规则的示例,请参见第十七章)。

然后,宪章会列出家族治理体系的核心部分,通常是家族大会和家族委员会。

家族大会是家族的最高政治组织,是所有年龄达到一定标准的家族成员的团体。在大多数家族中,家族大会的主要作用是选举家族委员会。其次,家族大会有权罢免和更换家族委员会成员,增加或减少家族委员会成员总数,以及修改宪章。更广泛地说,家族大会为讨论重要的家族事务提供了一个平台,尤其是在做出战略决策时,比如出售家族企业或进行一项新的大规模投资,要回到家族精神的实质。

如果家族大会的职责是发扬家族精神,家族委员会则要表达家族的声音。委员会是家族的执行机构,类似于家族的董事会——区分家族委员会和家族企业董事会（如果有的话）很重要。家族委员会只对家族负责，不对家族企业的股东负责。

家族委员会通常会在宪章中列出具体的职责。其中可能包括以下内容：

1. 计划在年度家族会议期间召开一次年度公开会议，设计议程，列出需要家族大会审议的事项，以及对家族重要、适合公开讨论的议题。

2. 向合适的治理机构提供任命受托人、管理人员或董事的建议，例如家族基金会董事会、家族办公室董事会或家族信托。

3. 每年审查和批准家族委员会及其下属委员会的预算。

4. 每年审查并确认家族每个机构的预算，如家族基金会和家族办公室。

5. 审查家族企业所有部分的年度运营计划，并根据审查结果向其治理机构提供建议。

6. 每年审查家族治理系统的成果，实施其认为适当的调整，并向家族大会报告。

7. 根据上述审查，向家族大会建议其认为必要的对宪章或其他管理文件的修正案。

家族委员会通常有一个主席和一个副主席。它也可能有下属委员会，特别是如果它要负责规划定期的家族会议。家族委员会可根据其职责范围，每季度或每月召开一次会议。家族委员会成员通常任期至少三年，由家族大会根据他们的生活经历和他们对家族的承诺选举产生，之前的服务表现也是非常重要的依据。

正如在第八章中提到的，有些家族还建立了一个智囊团作为他们家族治理系统的一部分。这个机构负责召集家族聚会，讲述家族故事，并在需要时帮助调解家族纠纷。

设 计

设计一个家族治理体系需要时间。正如我们即将讨论的那样，前期通常使用类似于家族执行概要的文件来做铺垫，让家族成员分享他们对家族治理体系的需求和可能用途的观点。如果不这样做,通常很难让家族成员参与到计划中来。

通常,家族治理设计的焦点大部分集中在家族委员会上,因为它通常位于治理体系的中心,是审议、立法和执行机构的结合体。如前所述,家族委员会的形式和规模各不相同,职责也各不相同。为了帮助你明确你的家族委员会可能会做什么和如何做,这里有一些建议:

- 委员会的主要目的是什么?
  - 组织家族会议/活动?
  - 集体决策?
  - 创造一种包容感和意见交流的论坛?
- 委员会有什么权力?
  - 仅提供咨询?
  - 有权做出可能会约束整个家族的决策?
- 委员会将如何组建?
  - 如何挑选或选举委员会成员?
  - 什么标准将定义服务资格?
  - 有多少成员?
  - 成员任期多长?
  - 会有政府官员吗?
  - 有下属委员会吗?
- 委员会将如何开展工作?
  - 会议将如何进行?
  - 是否会为委员会会议制定任何正式的程序和协议?
  - 委员会多久开一次会?
  - 如何制定议程?
- 家族委员会将如何与更广泛的家族沟通和互动?
  - 电话?邮件?文字?
  - 家族网站?

○ 简讯？

○ 议程/会议记录？

○ 在家族会议上做报告？

批　准

同样，设计和实施一个家族治理体系需要时间——通常时间越长越好。

一般而言，家族治理过程始于家族务虚会，会上成员可能会讨论一些基本问题，如"我们为什么要待在一起？""我们的家族文化有哪些优点和缺点？""我们希望如何对待彼此？""如果我们有家族委员会的话，它的职责是什么？"等话题。

如果决定建立一个治理体系，那么通常会形成一个工作组来开始调研，并让更广泛的家族成员参与进来。对于这个工作组来说，制订一个沟通计划，与更广泛的家族成员分享该计划的基本内容可能也是很重要的。随后工作组开始起草宪章，定期向家族成员通报最新情况，并与小组以外的成员探讨想法。

对新制度的批准是在专门为此召开的家族会议上进行的。这个会议应该着重于帮助所有成员了解提议的计划，并鼓励积极讨论。不管有没有成文宪章，这都是家族真正开始作为一个家族大会发挥作用的时候。关于宪章的投票应该公开透明，这样就不会有人觉得他们在这个过程中没有发言权。

一旦表决完成、宪章通过，家族就应该准备庆祝其工作成果。这是过程中的关键部分。批准新宪章是一个仪式性的步骤，因此它应该被视为一件不同寻常的事情、一件特殊的事情。以下是我们看到的一些家族将批准章程作为特殊事件的方式：

● 以家族历史中的一个简短故事开始活动。

● 从沉思或祈祷开始。

- 从朗诵一首有意义的诗开始。
- 要求所有家族成员在印有宪章的牛皮纸上签字。
- 拍摄签字仪式的视频。
- 将签名后的牛皮纸挂在家族委员会最年轻成员的家中(这样,它将在家族生活中流传,永远伴随着下一代)。
- 在签署宪章的时候种一棵代表家族及其成长的树。
- 保存家族成员签署宪章的照片,照片上有已签署的宪章。

一旦活动结束,确保将签署的宪章副本精美地装裱起来,并带到未来的家族聚会上。家族新生代成员朗读其序言可能是每次家族聚会时最好的开始节目。

新宪章获得批准的同时,也可能是家族大会选举其第一届委员会的时机。如果是这样,那么宪章工作小组在会议前准备好提名人选是很重要的。在会议上,所有提名人选都应该有机会在家族大会上发言,分享他们在家族中的经历,并解释为什么他们想要担任这个重要的角色。一些家族也要求家族委员会的提名人选在选举前提交书面陈述以说明他们的兴趣。一旦委员会被选出,花时间庆祝他们人生和家族生活中的这个重要里程碑是很重要的。

再说一遍,无论你的家族采取何种治理形式,关键是要认识到你的家族文化所处的首要地位。这种文化将塑造(或拒绝)你寻求运用的任何家族治理体系与制度。随着时间的推移,这个体系会塑造文化,这是家族治理的真正好处。当它起作用时,它将可能是自上而下的家长制结构转化为合作机制;它将法律结构重塑为具有人类意义的关系;它将模糊不清的说法转化为明确透明的协议;它将僵化的规则或政策转化成家族可以根据具体情况做出解释的原则和价值观;它将零散的、互不关联的文档融合成一个完整连贯的系统。[1]

---

[1] 有关家族治理的更多信息,请参见 Dennis Jaffe,*Governing the Family Enterprise* (Boston:Wise Counsel Research,2017)。

第二十一章　财富资本

回　报

　　这不是一本关于投资的书。然而，在家族企业的背景下，监督财富资本的投资是一项非常重要的家族事项，这也利用并影响着家族的定性资本。因此，我们应该花些时间来研究一下作为人类活动的投资[1]，以及我们看到的家族在投资中有效运用的一些实践。

　　自18世纪以来，投资一直是人们普遍参与的活动。当时某些政府债券变得足够稳定，并被市场认可，可以被视为"证券"。它对于中产阶级的成长非常关键，首先在欧洲，然后在美国，今天在世界其他许多地方也是如此。全球市场提供了购买和出售公司股份的机会，这对许多家族的财富创造至关重要。

　　如今有一种普遍对投资的批评，认为这是一场"失败者的游戏"。这种观点认为，投资作为一种普遍现象，目标是想获得收益，但往往会造成损失。人们试图打败市场的努力，最终造就了市场。这种尝试不仅对自己产生了错误的信念和幻想，还会让个人投资者蒙受损失。实证研究证实了这一说法：寻求择时机会的散户通常比市场表现更差。

---

　　[1]　投资作为一种由人类进行的活动，不仅仅是简单地买卖和收益，还涉及人类的认知、情感和价值观。——译者注

这种对投资的批评已经存在了几十年。此后的一个结果是指数型投资的普及。这种方式试图打破主动投资能够战胜市场的信念，并公开声明自己不是为了打败市场而是模拟市场本身。

当然，指数型投资一样会让投资者遭受重大损失，那些在2008—2009年或2020年初面临损失的指数型投资者会同意这个观点。带着贪婪与恐惧情绪的普通人，会发现很难甚至不可能与市场共舞。

将投资描述为"失败者的游戏"的批评者设想了一种不同于指数型投资的方法：投资者要超越纯粹追求财务回报的目标，而是将自己视为真正的人类——或人类的代表——追求更广泛的人生目标或目的。对这样一个人来说，用金钱或财务指标去衡量人生是没有意义的。保护财富资本——避免灾难性损失——是一个重要目标，但是还有无数其他可能的目标。即使是以金钱为中心的"每月赚一点钱"的目标，也意味着不再用市场平均回报水平来评估自己。它意味着要作为一个有个人目标和意义的人，而不仅仅是拥有观点的人。

这种对投资的批评和回应——通过将你的个人目标和观点与大众市场及其衡量标准分开，以寻求"赢得失败者的游戏"——解释了为什么指数基金和对冲基金会同时在市场兴起。这些策略乍看起来相互矛盾：指数基金寻求成为市场，而对冲基金则寻求独立于市场。对于同一批评出现两种策略的回应是有道理的。事实上，对冲基金代表了与批评更相符的回应，原因是它寻求"表明立场"或"表达观点"，或者实现与市场不同甚至是相反的特定目标或结果。

毫不奇怪，拥有大量财富资本、有能力在各种平台上多样化投资的家族，往往会避开覆盖全市场的零售共同基金，而是将指数基金作为"核心"配置与多种对冲基金或私募股权基金组合起来，以实现资产增长。

即便如此，指数基金和对冲基金这两种投资方法也只是对基本批评的某些方面做出了回应。因为这种批评要求投资者不要再把自己仅仅视为投资者，也就是投资策略的筛选者。它要求财富所有者对自己的所有权负责，并明确自己的终点和目标。例如，思考一下为什么机构投资者对投资策略声明这么关注。投资策略声明需要设定目标、风险容忍度、允许的证券类型等。投资策略声明来自哪里？它是由一个人、一对夫妻、一个家族或一个委员会制定的。它不是投资本身的产物。也就是说，它不是直接与投资管理科学或艺术相关的结果或产出。

换句话说，当代对投资的批评要求家族重新审视自己、自己的目标或意义、自己与自己的资源或工具的关系，以及自己和他人的关系。当然，这是很少有投资者能够认可和采取的方式。即使是那些有书面投资策略声明的人，也会发现自己每个季度都在问："我的回报率是多少？我打败基准了吗？"

相比之下，能够采取这种方式的家族——它们能够关注目标，而不仅仅是工具——已经在确保它们的财富资本在真正为定性资本服务这一方面取得了重大进展。

两种做法

对于那些能够以这种人格化的方式进行投资的家族来说，我们观察到有两种持久的做法对它们的回报产生了巨大的影响，这里所说的回报，是从最广泛的意义上来理解的。

投资者配置

第一种我们称之为"投资者配置"。投资者配置是指根据家族资产负债表，将不同的家族资产配置给合适的家族成员，以最大限度地促进财富资本的长期增长，同时将遗产税、赠与税或隔代转移税降至最低。

我们大多数人熟悉现代投资组合理论，它告诫我们90%的成功的长期投资取决于正确的资产配置。成功投资的家族都有精心设计的资产配置计划。然而，在很多情况下，在投资机会出现时，是因为谁有现金，决定了由哪些家族成员来持有这些资产，并不是基于哪些成员距离遗产税或赠与税最远。不幸的是，在长期避税方面，当投资机会出现时，往往是家族中年龄最大的成员最富有或"有现金"。久而久之,结果往往是最年长的家族成员持有家族资产负债表上许多增长最快的资产。然而,年长的家族成员往往对风险非常谨慎,他们更喜欢持有能产生更多当期收入的资产。

在一个投资计划中,如果家族中最年长的成员购买成长型证券,这会让美国国税局(IRS)欣喜若狂。因为美国国税局知道,如果耐心等待,它将能够以遗产税的方式收取超过股票增值一半的税款。信不信由你,美国国税局正坐在家族餐桌边最大的椅子上。

投资者配置可以通过下列方式重新投资每一笔家族财富,从而每年减小国税局的椅子,直到它坐在家族餐桌边最小的椅子上。每次家族的投资顾问提出新的投资建议时,负责投资者配置的家族成员、家族办公室专业人士或其他顾问都会根据遗产税的影响来决定该投资的预计长期增长率,然后"投资者配置者"再根据遗产税的影响选择将进行投资的家族成员。通常,这意味着最年长的家族成员购买增长率最低的投资产品,而最年轻的家族成员购买增长率最高的投资产品。

有两个投资类别可以作为例子。假设家族想投资 100 美元的债券,持有至到期,并且这个家族将收到当期的利息支付。这种投资不会带来本金的增长——投资者可以期望在到期时获得与最初投资相同的金额。现在假设这个家族想进行 100 美元的风险投资,假设目标是 5 年内将投资价值翻倍,也就是投资 100 美元将获得 200 美元的收入,本金增加了 100 美元。显然,如果祖母持有风险投资,国税局将会很高兴,因为在她去世后,国税局将获得 100 美元利润中的 55 美元。如果祖母持有债券,而年轻的家族成员进行风险投资,美国国税局肯定会不高兴。如果祖母购买债券,并用它们作为抵押帮助孙辈借款,因为孙辈如果没有贷款,就无法进行风险投资,国税局会特别不高兴。而祖母将更加开心,因为她将从债券中获得当期收益,而她通常在 5 年内不会从风险投资中获得任何回报。这个家族也很高兴,因为祖母的资产没有增加,但家族资产负债表上增加了 100 美元。

这个投资者配置的例子虽然很简单,但很明确地说明了观点。显然,在我们选择的两个资产类别之外,还有许多其他类型的投资,具有不同程度的风险。每个正确制订的资产配置计划,在不同的风险领域都会配置相应的资产类别。投资者配置的目标是通过最大化整个家族资产负债表的增长,同时最小化最有可能成为下一个遗产税征收对象的个人投资组合的增长,来管理这一风险领域。

为了从投资者配置中获得最大收益,这里有一些家族需要解决的问题。

● 家族使命宣言应包括对财富资本长期增长的承诺。成功的投资者配置要求每个家族成员在仔细考虑他或她的个人投资目标以及他或她对家族财富增长战略的承诺后,选择参与投资者配置。

● 家族成员、家族慈善机构的董事、家族投资架构的经理以及家族信托的受托人都应该同意以积极的态度,如同参加家族整体资产配置过程一样,参与投资者配置计划。

● 家族需要有勇气的受托人来实施投资者配置计划。受托人有特殊的法律责任,规范了他们作为投资者的行为。根据这些责任,受托人不能放弃对其监管的信托投资策略的最终决定权。投资者配置者需要牢记这些受托人的责任。值得期待的是,家族信托文件可以授予受托人尽可能广泛的投资决定权。如此广泛的投资授权将使受托人更容易执行他们在家族整体资产配置计划中的投资者配置。如果要将高风险的投资交给信托,受托人需要广泛的投资决定权,这是尤为必要的。

● 在构建投资者配置计划时,家族中最年轻的成员以及家族中最长期的免于遗产税和隔代转移税的信托应该购买具有最大增长潜力的资产。这些家族成员和信托的投资组合应该与家族的长期或百年投资范围相匹配。最年长的家族成员应该持有增长率最低的资产,以匹配家族的 20 年的时间范围,中间几代人应该根据家族 50 年的时间范围采取行动。你很快就会明白,当最年轻的家族成员和免于遗产税和隔代转移税的长期家族信托拥有最多的资金,而最年长的家族成员拥有最少的资金时,这个计划效果最佳。显然,这不是正常的情况,这是比较少见的情况。因此,问题是如何将资产交给最年轻的家族成员和免税的长期信托,以便能够进行理想的长期投资。

解决问题的一种方法是赠予。不幸的是,赠予税法对在开始征税前可以赠予的免税额度限制很低。最成功的策略是让最年长的一代贷款给最年轻的一代。在某些情况下,经过仔细的法律咨询后,可以贷款给免税的长期信托,以获得适当的资产。家族内部贷款要符合一定的国税局的要求,以确保它们是真实的贷款,而不是伪装好的赠予。在没有适当的法律和会计咨询的情况下,不应制定贷款策略,以确保贷款不会被重新定性为赠予。这一策略的另一个重要好处是,最年长一代人通过收取贷款利息而获得高现金流,同时他们的部分资产的增长受到限制。额外的现金流将满足他们对现金的需求,并为他们提供额外的流动性,以向家族和慈善机构做出赠予,并提供额外的贷款。与任何投资决策一样,必须仔细分析此类贷款在家族和个人贷款人整体投资计划中的作用,以确定个人投资组合中可以用于该计划的比例。

家族银行

家族银行是一种经常与投资者配置实践相结合的做法。它通过向家族成员提供商业上无法提供的贷款,来发挥家族财富的杠杆作用。这些贷款被商业银行认为是高风险的,但对家族来说是低风险的,因为它们可以为家族的长期财富保护计划做出贡献。家族银行的贷款通常有两个目的:投资,以增加家族的财富资本;增强,以增加家族的定性资本。

关于将贷款用于投资,家族的目的是利用个别家族成员带来的机会。这些贷款为家族提供了增加财富资本的机会,同时促进了成员的智力增长。这些贷款通常是投资于由家族成员创办的企业。这些企业贷款遵循以下基本规则:

1. 借款人准备商业计划和相当于任何商业贷款人所要求的贷款申请文件。

2. 借款人与家族银行的董事会和顾问讨论项目的可行性。

3. 当贷款被批准时,借款人应提供有关投资的适当的商业报告。

4. 借款人最终偿还贷款。

这个过程给家族借款人提供了优秀的商业培训和成功获得财务回报的最大可能性。

关于增强贷款,家族的目的是通过提高某个家族成员个体的独立性来增加其定性资本。与投资贷款一样,贷款的适当程序对每个借款人的定性资本的增长至关重要。在寻求增强贷款时,应鼓励借款人说明此类贷款将如何提高他或她的独立性,以及贷款将如何增加家族的人力、传承、家族关系、架构和社会资本。当家族成员向家族银行董事会的顾问和同龄人解释贷款将产生哪些积极影响时,他们必须明确个人的定性资本将真实得到提升。偿还贷款的形式是增加他或她个人的独立性和定性资本的增长。

这似乎是一个令人惊讶的观点:贷款可以增加个体的独立性。这种惊讶是自然的。但不明智的贷款会造成严重的依赖和怨恨。

这就是为什么努力保护其完整家族财富的家族很快会意识到,家族银行并不是主要关乎财富资本的。虽然拥有一个友好的贷款人会给予巨大的竞争优势,但成立家族银行的真正原因是定性资本的增长。

因为这是一个微妙的业务,以下是一些建立家族银行的指导原则。

● 家族银行不应是一个正式机构。它不是常规公司意义上的银行。重要的是它要保持非正式性,这样它的活动才能保持私密性,并能够发展出适合它的家族独特情况的治理体系。

● 家族银行必须有正式的会议规则。它应该有职员、董事,如果需要,还要有顾问委员会。它应该有接收和处理贷款申请的流程,也就是说,规则和程序会根据申请贷款的人员而有很大的不同。

● 家族银行必须有一份使命宣言,以说明其理念和存在的理由。贷款人和借款人必须理解家族银行的宗旨——作为高风险低利息的贷款人——以及这一政策的后果。银行的使命宣言还应包含一个价值观部分，要将其纳入整个家族的使命宣言，并应解释银行将如何协助实现该使命。

- 因为家族信托可能是贷款人和借款人，所以让受托人理解并同意参与家族银行尤为重要。
- 重要的是，所有家族成员，包括贷款人和借款人，对银行使命宣言的条款达成一致。

特别重要的是，所有同意参与家族银行的家族成员都应该得到所有贷款申请书的复印件。个人财务数据可能会由于保密原因而被保留，但所有成员都应该收到申请书中与定性资本相关的部分。

第二十二章　保护家族度假屋

困难的问题

几代人以来,度假屋一直是财富的象征。这些房产往往成为其所有者财产的重要组成部分,无论是在经济上还是在情感上都是如此。这引发了一些困难的问题:家族成员是否希望保留房产作为真正的"家族"度假屋？如果是这样,应该如何做到？

这样做的吸引力通常很明显:度假屋可能位于一个美丽的地方。所有者的子孙可能会珍惜每年在那里度过的时光。引用我们的书《礼物的循环》中的表达,家族度假屋是最具体,也可能是最强大的"精神馈赠"形式。

同时,保留家族度假屋的挑战也是巨大的:房地产流动性差,维护成本高。共有财产带来了法律上的复杂性。最复杂的是管理这些财产时的人际关系问题。

有能力的顾问可以通过适当的所有权和治理结构,帮助财产所有者预见和解决许多复杂问题。

然而,套用彼得·德鲁克的名言"文化吞噬战略",我们可以说:文化同样也吞噬架构。如果家族没有关注人际关系,即"家族文化",即使是最有创意的文件也无法保留一个共享的度假屋。

那么，是什么样的家族文化增加了成功、愉快地保留家族度假屋的可能性呢？家族应如何灌输和强化这种文化呢？

家族文化是解决问题的关键

文化形成于习惯和信念之中，习惯和信念则产生于行为模式和沟通期望。最简单地说，如果你想取得某个结果，那就要过那种生活。如果你想保留度假屋，那么你需要过一种支持这种保护的生活方式。这意味着你要自己实践这些习惯，并期待别人也去实践它们。

这种生活是什么样子的？在这里，我们将借用"百年家族研究"的一些实际经验，这些研究对象是已经成功地将重要家族企业通过三代家族所有权传承下去的家族。这些企业往往涉及商业运营业务。他们的做法直接适用于共同管理其他资产的家族，如度假屋。百年家族文化的一些关键要素包括：学习并与家人分享你所学到的东西，养成定期、透明地讨论家族财务问题的习惯，信任他人并赢得他人的信任，以及形成所有家族成员都将以自己的方式为家族做出积极贡献的期望。

此外，我们发现有些习惯对保护家族度假屋的特定任务很有帮助：

● 确保每个人都承担对度假屋所有权的责任，这样就没有人会觉得作为唯一的"管家"有负担，或者在物业管理中拥有过大的发言权。

● 讲述将家族成员与度假屋联系起来的故事。为什么是这个地方？在我们之前这里发生了什么？有什么特别的事件发生了？"讲述"故事的一个很好的方法是用过去和现在的图片来装饰房屋。

● 培养一种感觉，即该度假屋很特别，值得家族成员投入时间和金钱。一种方法是每年在那里举行一次聚会，纪念家族成员生活中的重要里程碑。有些家族在度假屋的某面墙上写下他们孩子的名字或自己的名字，创建一份记录家族历史的文件，可以涵盖几十年甚至几个世纪。有些家族用家族成员购买或制作的特殊物品来装饰房屋。一些家族度假屋有可以追溯到几十年前的留言簿，现在上了年纪的家族成员可以在里面看到他们自己小时候留下的记录。

● 另一个重要的思维习惯是提醒自己，家族和财产并不是一回事。培养这个习惯可以让家族处理好万一有人要求出售度假屋的状况。

● 做一个好主人。练习愉快地与他人相处的习惯，并帮助他人愉快地相处，这样他们会对共处的时间感到愉快，而不是觉得这是一种负担。这个习惯在与重要的人或配偶在一起时尤为重要。如果年轻家族成员的配偶喜欢到度假屋来，他们就会带着他们的孩子一起来，这样能为一个共同的未来奠定基础。

面对现实

对于大多数家族来说，是否该尽力保留家族度假屋是一个有待讨论的问题。这其中有收益也有代价。如果这样的文化在你的家族中没有或不太可能形成，你能做的最好的事就是直接与你的孩子谈论是否最终出售这个房产。我们看到在很多情况下，父母提出这种可能性，对后代来说是一种极大的解脱。

那么，最实际的问题可能是首先放下你试图保护什么和如何保护的问题，诚实地思考你和家族是谁，以及这个挑战是否适合你们。

第二十三章　家族慈善

家族慈善的益处

慈善事业可以有力地帮助家族塑造其价值观,并且通过其组织和实践,教导家族如何治理自己。

慈善也许是个人和家族价值观的基本表达。如果家族使命宣言是对这些价值观的一种陈述,那么慈善事业通常是将它们付诸实践的最佳途径。慈善事业往往可以成为因财富而与社会分离的家族成员与世界上更大的议题联系起来,找到积极和有意义的关系的方式。

从 19 世纪的卡内基和阿斯特家族,到今天的盖茨、巴菲特和扎克伯格,美国社会因有家族怀着为改善人类福祉而慷慨捐赠财富的意愿,而不断发展。这些个人和家族明白,慈善改善了他们家族成员的生活,更重要的是,也改善了我们所有人的生活。

当我们与古老家族的后代成员交谈时,我们总是对他们谈论祖辈时所表达出的自豪感印象深刻。这些家族成员对祖辈创造财富的智慧感到非常自豪,并对他们因此获得的财富表示感激。然而,当讨论慈善事业时,他们的声音更加激动人心。许多后来的家族成员继续着先辈的慈善事业,尽管这些活动领域是祖先所无法想象的并且在某些情况下也不会赞同。重要的是,参与管理和回馈社会的家族价值观被灌输到家族的价值观体系中。更重要的是，它们是积极的价值观，呼吁家族成员通过分享他们的定性资本和适当的财富资本来融入世界。

正如美国全国慈善家族中心的创始人弗吉尼亚·埃斯波西托（Virginia Esposito）所写的，家族慈善事业不仅给家族，也给整个社会带来了特殊的礼物。她是这么说的：

- 家族慈善家会长期参与其中。他们并不关注本季度或当年会产生什么样的影响。
- 与此同时，家族慈善经常被设置为使家族能够迅速行动并在需要时立即做出回应。大多数家族没有像独立大型资助者那样的官僚机构。
- 参与慈善事业的家族可以成为其他家族和个人捐赠者的榜样和/或指南。想想本章开始时分享的19世纪的卡内基和阿斯特家族，到今天的盖茨、巴菲特和扎克伯格。
- 参与慈善事业的家族有助于创造和扩大整体的奉献文化。

慈善之于家族

除了社会效益，家族慈善事业还为参与其中的家族带来了好处。继续分享埃斯波西托女士的意见：

- 共同捐赠的家族进行多代人的对话。

上一代人把他们的遗产、经验和教训传给下一代。与此同时，年轻一代可以分享新思想、新策略和新的人口结构现状。

- 家族慈善事业是传递价值观和家族凝聚力的媒介。

慈善事业为家族提供了积极的、共同关注的焦点，而不是"谁得到什么"的问题。

- 家族慈善是教育年轻家族成员关于奉献价值的重要工具。

一项又一项的研究表明，从小开始的给予会成为一种持续一生的习惯。

- 家族通过讨论给予和家族价值观，可以创造一种传承或归属感。

权利意味着感觉这个世界欠你的。传承则是将自己视为更大整体的一部分。家族慈善事业在许多方面都强化了这种感觉。

虽然财富资本的捐赠很重要，但人力资本的捐赠才是利用慈善作为长期家族财富保护工具的关键。分享自我的贡献使得慈善成为保护家族资产负债表上的人力资本的重要因素。

慈善事业在家族治理结构中处于什么位置呢？

1. 每一份家族使命宣言都应该有一个章节论述家族对外界的责任，以及家族将如何与外界互动。

2. 每个家族的资产负债表都应该反映家族投入慈善事业的定量和定性资本的比重。

3. 每个致力于慈善事业的家族都应该创建一个正式的组织来支持其捐赠活动。组织形式应与有经验的顾问协商确定，但至少应包括一个允许所有家族成员参与决策的广泛结构。

入门指南

许多家族把组织成立慈善机构作为积累完整家族财富的第一步。

首先，如果你的家族还没有一起做出捐赠，你可以鼓励每个家族成员先思考这些问题，然后见面开会讨论你们的答案。这些讨论可以作为开始计划共同捐赠的基础。

- 在你成长的过程中，你的家族在捐赠方面有什么样的传统？
- 慈善是一种义务还是一种自由选择的行为？
- 你支持哪些慈善组织？投入了多少时间和金钱？
- 你最关心哪些组织或慈善机构？
- 你目前是否在任何慈善组织的董事会任职或担任其他领导职务？
- 你觉得在你去世时支持慈善组织重要吗？
- 你觉得现在给慈善组织的钱已经足够了吗？如果不够，在什么情况下你会给慈善组织尽可能多的钱？

慈善事业为每个家族提供了重新发现其最重要价值的机会,也为这个家族提供了分享帮助他人的喜悦的方式。它通过认可和承认每个成员的创造力和激情,加强了家族的凝聚力。

正如我们在本书中所讨论的,让家族慈善事业能够成功的关键是,认识到每个家族成员所处的发展阶段。许多父母试图让他们十八九岁或二十出头的孩子参与慈善事业。对于一些孩子来说,这很好。对其他人来说,发展属于自己的生活,比获得"回馈感"更重要。父母应该理解这种可能的不一致,不要把它视为孩子缺乏关爱的标志。

此外,要让年轻人参与慈善事业,要确保这个过程是开放的、有吸引力的。没有什么比离开你的朋友,从大学跑回家参加家族基金会会议,却发现所有的资金都已经被老一辈人分配光了更令人扫兴的了。围绕拨款产生的过多规则和限制也会使年轻的家族成员感到疏远,尤其是在如果他们没有发言权来制定这些规则的时候。或者,想想能吸引他们的主题。例如,我们已经看到许多家族有效地将影响力投资或可持续投资纳入它们的慈善机构。这些类型的投资吸引了各个年龄段的家族成员,但可能特别吸引那些想要用多种方式改变世界的年轻人。最后,记住长期目标:让年轻一代养成给予的习惯。如果你不同意他们的一些优先事项或选择,保持沉默可能是明智的。如果一项捐赠计划的结果被证明是令人失望或低效的,让他们从经验中学习。主动获得经验比被长者告知,能让他们更有效地学习。

慷　慨

我们强烈推荐家族慈善事业,因为我们相信它可以成为一种非常积极的体验。专业的慈善家喜欢用"高效""有效"和"战略"这样的词来描述自己。虽然家族慈善也可以具备这些特点,但我们相信它可以更好。最好的情况是,它能体现出慷慨(Magnificence)的品质。

慷慨是由亚里士多德最先描述的一种美德,指的是慷慨地支出大量的金钱。慷慨这个词的内涵的一个有趣之处在于，它不一定严格地意味着慈善。它可以包括慈善事业，但也可能包括为获得回报而进行的花费。从这个意义上说，它可以包含今天所谓的社会责任投资：为自己和他人获得回报的投资。

慷慨最重要的特征是恰当性：支出适合支出者、受益者和场合。一个非常漂亮的玩具对孩子来说可能是慷慨的礼物，即使它并不贵重。一笔小小的慈善捐款或小额投资，如果能够帮助启动一家新的、具有开创性的机构，也可以是慷慨的。

亚里士多德还说，慷慨的支出会引发好奇心。它使他人更多地关注支出者的成果，而不是支出者本身。他说，这个结果是"普世的"，字面意思是"一个有序的整体"。慷慨的支出使人们团结在一起，也许是通过建立一所学校，或者资助一家工厂，或者举办一场盛大的晚会来实现这一点。通过唤起我们人类对美和秩序的反应，慷慨激发了反思和希望。

然而，如果这些关于慷慨的想法听起来像是引诱人变得骄傲，那么还有一点需要考虑：虽然慈善接受者需要食物、衣服和住所，但慈善家也需要慈善接受者。家族并不是为了自己的福祉而在会议室里开会；他们也不是为了好玩而去做实地考察、阅读拨款申请，或者了解组织效率。他们所做的一切都是为了慈善接受者的健康、教育和成长。慈善接受者的福祉是家族慈善及所有慈善事业的真正目的或目标。

结语：个体的繁荣

要成就大事，不仅要有行动，更要有梦想；不仅要有计划，还要去相信。

——阿纳托尔·法朗士（Anatole France）

许多花朵盛开

正如我们在本书开头提到的，我们的一个关键原则是，家族的真正财富是组成家族的个体。一个繁荣的家族是由繁荣的个体组成的；家族幸福建立在个人幸福之上。

在本书中，我们所讨论的重点一直是家族可以共同参与的活动，以鼓励形成真正的"幸福即财富"，特别是在拥有巨大的财富资本的情况下。实践范围从某些类型的赠予，到自我探索，作为配偶或祖父母的沟通方法，再到托管、家族会议或家族慈善的开展。

但所有这些活动都以一个目标为前提：个体的繁荣。繁荣是一个非常个人化的话题，例如，在我们主持的一次家族研讨会上，集体讨论了"什么是繁荣？"大家想出了各种各样的答案，比如：

- 进化发展，并体验成功
- 知识与技能的成长

- 不依靠外力的自我持续
- 认知到美，欣赏美
- 与他人及世界和谐相处
- 充满热忱与活力
- 丰富充裕
- 意识清晰，追求价值与目标
- 追求有意义的生命力
- 像花朵盛开一般的多姿多彩的生活

虽然繁荣是一件有点主观的事情，但我们仍然想至少从我们的角度，来说一说它看起来是什么样子的。

5L

我们发现，描述个体的繁荣的最简单的方式是"5L"，数百个家族和听众都对此产生过共鸣。这个概念是我们从巴里·格雷夫医生（Dr. Barie Greiff）的《传承》（Legacy, New York：Random House, 2000）一书中对繁荣的描述中提炼出来的。格雷夫医生是一名精神治疗专家，曾帮助过数百名患者。从他的作品中，我们提炼出"5L"的原则：学习（learn）、劳动（labor）、爱（love）、笑（laugh）、放下（leave）[或放手（let go）]。

1. 学习。个体的繁荣的一个基本元素就是学习。正如希腊诗人兼政治家梭伦（Solon）在晚年所写的："我越老越有学问。"或者像亚里士多德在他的《形而上学》开篇写的那样："所有人类都渴望知识。"并不是每个人都喜欢教育，我们在本书中也非常小心地没有提倡"家族财富教育项目"。然而每个人都喜欢学习。作为人类，对学习的渴望是非常重要的，而激发这种渴望则成为我们人类繁荣的一部分。

2. 劳动。我们已经谈过了工作对于个人身份定义、目标和意义感的核心作用。这种劳动不一定需要得到经济上的利益补偿。至关重要的是，我们感到自己真正的优势能够造福他人。

3. 爱。即使在一个充斥着商业关系的世界里，每个人理应只为自己着想，但爱仍然是人类幸福和痛苦的核心。这本书的大部分内容是关于如何在庞大的金融和法律结构中维护人际关系的人性的。

4. 笑。金钱被认为是一件严肃的事情，这种外表是它维持力量的一种方式。笑声则是对充满条条框框的生活的一种释放。当我们变得华而不实的时候，它提醒我们自己的愚蠢。它是包括家族在内的人类社区中重要的平衡因素，也是舒缓痛苦的灵丹妙药。难怪世界各地的儿童医院会请小丑给它们的患者们带来一些欢乐。

5. 放下（或放手）。许多心灵成长的传统经验教导人们，生活中痛苦的最大来源是依恋。依恋是一种心理纽带，总是要求事情按照我们希望的方式发展（或保持）。放下这样的依恋是解除痛苦的手段，也让自己有机会在当下自由成长。

当你阅读这个"5L"列表时，请想一想自己。你认为这五个元素中的哪个最容易在你的生活中实现？哪个最困难？你现在可以采取哪些步骤，开始在生活中实践它们呢？你周围的人，包括你的家人，如何帮助你追求个体的繁荣？你又如何帮助他们呢？

4C

5L 可以帮助你描绘出一种繁荣发展的组合：你的强项在哪里，你的弱项在哪里。它们给人一种目标感。

为了帮助实现这个目标，我们使用了另一个工具，我们称之为 4C。我们在第四章中介绍过它，与新生代的崛起有关，但它也适用于人生的任何阶段。

4C 来自对韧性的研究，即从世界抛给你的任何事情中恢复过来的能力。韧性是决定我们在任何努力下是成功还是失败的关键因素。

韧性包括许多组成部分，如良好的身心状态和强大的支持性社会网络。但是也许韧性中最重要的组成部分是你的心态。我们在这里说的心态就是心理学家所说的自我效能感;简单来说,就是你相信自己能够"做到",你可以用优雅而正直的方式来迎接生活送来的一切。

4C有助于培养自我效能,它们分别是控制(control)、承诺(commitment)、挑战(challenge)和社区(community)。它们与无力、疏远、威胁和孤立相反(见图C.1)。

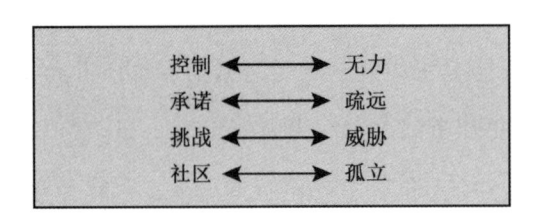

```
控制 ←→ 无力
承诺 ←→ 疏远
挑战 ←→ 威胁
社区 ←→ 孤立
```

图C.1　4C

要使用4C作为工具,就得把每个元素和它的对立面之间的空间想象成一个光谱,然后想一想你生活中特别重要的情况或场景,比如一份工作或一段感情,或重要的选择,你在每个光谱中处于什么位置?你是感觉一切尽在掌握还是无能为力?你感到获得了承诺还是被疏远?你觉得受到挑战或威胁吗?你感到有一个支持你的社区,还是感到孤立?

4C是实现普遍繁荣的有力工具。对于那些拥有大量财富的人来说,这些工具尤其重要,因为巨大的财富资本可能会把人们推向4C的对立面。如果你创造了巨大的财富,你可能会感到无力保持它,或者无力确保它不会伤害你所爱的人。如果你继承了一大笔财产,你可能会觉得被信托或其他工具剥夺了权力。巨大财富的创造者或继承人可能会致力于做某些事情(比如慈善),但与同龄人享受的许多其他追求相疏远,而无法融入他们。财富持有者也可能感到受到其他人的威胁,他们认为这些人接近自己是为了自己手里的财富。最后,毫无疑问,巨大的财富可能会让持有者感到与社会上其他人甚至自己的配偶和孩子疏远。

再次思考,把5L作为目标,把4C应用到这些目标中。当涉及学习、劳动、爱、笑和放下的时候,你是否感到自己处在控制、承诺、挑战和社区的支持下?我们不可能在同一时间在所有方面都感到繁荣兴旺。但是强烈的意愿会让我们更接近这些目标,来丰富我们自己和周围人的生活。

三个关键词

我们以三个词来结束,这三个词在一次与家族成员的座谈中给了我们灵感和启发。我们三位作者共同参加了一个座谈会,主持人要求我们在总共40分钟的时间内,每个人与观众分享一个见解。詹姆斯和基斯用掉了大约39分钟。之后主持人转向苏珊,请她发表意见。在剩给她的一分钟时间里,她说:"当我反思詹姆斯和基斯与大家分享的时候,有三个词我想要补充。它们分别是谦逊、同理心和希望。"我们毫不怀疑,这三个词是听众那天最好的收获。我们在此与你分享:

1. 谦逊:完整的家族财富之旅是艰难的。正如我们在引言中引用泰勒斯的话,告诉别人做什么是很容易的,但要了解自己的内心,并勇敢地去追求它是非常困难的。这些家族和金钱的问题往往令人非常困惑,需要用清晰和冷静的头脑来理顺。即使在客户和我们自己的家族中,经过几十年的研究、实践和生活,我们仍然经常发现自己处于初始状态。这确实需要一个"初学者的心态"。

2. 同理心:我们已经描述了同理心在家族关系中的重要性,即能够将自己从自己的视角中抽离出来,站在他人的角度来看待我们自己。在这里,我们将进一步强调"自我同理心"的重要性。我们总是期待自己知道所有的答案,或者期待自己总是做正确的事情、做出正确的选择。但在家族财富和生活的旅程中,失误可能远多于正确的选择。善待自我和接纳自我是必需的。

3. 希望:自《家族财富》出版以来的几十年里,我们看到的一个不变的现象是,公众对那些陷入困境的富有家族的故事非常感兴趣。然而,近年来我们也注意到,公众对那些几代人都表现出色并取得成功的家族给予了更多的关注。我们还看到,越来越多的家族愿意聚在一起讨论他们成功的因素。我们的大部分工作是把这些成功的可能性找出来。家族财富本不必成为一个悲惨的故事，每个个体都可以快乐健康地成长，家人也可以长久相伴，这些都可以实现。

现在，是时候穿上你的礼服，拿起你的扇贝壳，开始或继续你自己的旅程了。在这个时刻，请接受我们的感谢，感谢你给我们机会来分享这些礼物，并带着卡瓦菲的祝福上路："愿你的旅程漫长，充满新奇与知识。"

后记：未来？

写作这本书并回顾我们过去 50 年的实践，也让我们思考未来 50 年或 100 年家族财富世界可能的样子。以下是我们对这个问题的简短探索性思考。像任何预测一样，它可能与实际情况有所偏差。我们希望能够鼓励你通过思考未来远景，去履行发展完整家族财富的责任。

人类发展的演变

在过去的一代人中，出现了一个全新的发展阶段，即"新兴成年期"。它对教育、工作、住房、婚姻和扩展的家族结构都产生了巨大的影响。关于这个新阶段的误解对家族慈善事业和家族企业的传承与过渡都产生了巨大的影响。仅举一个我们最近看到的例子：将"管理者责任"作为一种价值观的呼吁，在"新兴成年人"中几乎没有共鸣，从而导致家族领导层出现分裂和相互指责。

与此同时，越来越多的家族成员发现自己处于中年后期，面临着成长停滞感和自己价值感匮乏的困境。他们如何面对这一困境，将对慈善事业、经济增长和家族发展动力产生重大的影响。

我们看到的一个可能的领域是，家族对长者越来越认真对待：我们指的是家族长者，而不仅仅是老年人的意思。在一些东方社会中，成为长者之路更加清晰。西方能否认识到长者的重要性，并让他们的角色适应我们不断变化的家族，这仍然是个问题。数百万老年家族成员（和他们的家人）的幸福或痛苦仍然悬而未决。

家族结构的变化

现在，我们清楚地看到，社会上出现了一些与传统的"标准家庭"（已婚夫妻加上亲生子女的家庭）定义截然不同的家庭形式，而且这种变化可能会加速发展。

一种变化是由于一些国家在过去50—100年间，即从农业经济向工业化经济转型以来，儿童出生数量的急剧减少而引发的家族成员人数"倒置"现象。

在过去，家族成员人数的增长导致家族资产因人数过多而不堪重负。现在，很可能至少在未来50年内——甚至是永久性地——许多家庭将只有一个或两个孩子，而这些孩子中的许多人将选择不再生育。这已经是日本、中国、西欧、俄罗斯、美国和大多数发达国家的现实状况。

这一变化给成年人，尤其是女性带来了极大的自由，她们可以追求除抚养孩子之外的其他事业。这可能会推动慈善事业的发展，因为人们的继承人变少了。但它也可能导致家族和整个社会的定性资本遭受巨大的、也许是不可逆转的减少。这种人口结构的变化对年轻人和老年人之间的社会契约造成了极大的压力。这也使得最大化定性资本的努力变得更加重要。

家族结构的另一个变化是财产在性别之间的重新分配。因为女性比男性寿命更长，如今她们比过去继承更多的财富和创造更多的财富，财产很可能从男性分配到女性的手中。还没有人知道这一历史性的变化——我们在第七章中描述的财富差异——将对男性及其所在的家族和社会产生什么影响。

对家族财富的新理解

尽管政府没收私人财富的威胁仍时有出现,并且这使得使用海外家族信托结构颇具吸引力,但这种情况比过去要少很多。随着税法的放宽,人们越来越认为设立家族信托并不是为了避税,而是为家族创造积极的人性化成果,更加关注受益人的幸福和福祉。如果对信托的新理解是以人际关系为核心,并能够将认为信托是负担的受益人比例从80%降到50%,这对世界将是一件好事。

我们观察到,世界各地的家族办公室越来越关注一个发展趋势,那就是将学习(不仅仅是教育)作为重要的家族事项。如今,许多投资者不会投资那些没有首席学习官或类似职能(负责不断增加公司的智力资本)的公司。

同样,家族也逐渐意识到,如果它们要与这些公司争夺资源,就必须也认真地对待学习。随着时间的推移,我们预计"首席学习官"(无论是外包还是内部的)会成为家族体系中的常见角色,类似于受托人或首席投资官。这个职能将有助于确保所有家族成员学习如何一起做出更好的决定,并最大限度地发展他们的能力。这对个人和家族的繁荣发展将是一个巨大的推动力量。

中 国

在过去200年左右的时间里,对未来的预测总是要考虑到中国。在家族财富的未来,中国无疑将扮演重要的角色。中国的私人财富在20世纪80年代之后出现了巨大的增长,并在90年代末和21世纪初出现了第二波增长。因此,在几乎没有准备的情况下,中国财富开始了代际传承和转移。

此外,非正式调查显示,一些富人希望移民,他们正面临着未受过教育的父母和祖父母与受过良好西方教育的子女和孙辈之间的冲突。

  中国有将西方思想和技术应用于自身发展的历史。家族财富——财富保护和增长的原则和实践——可能是中国未来最有前途的增长点之一，因此这无疑也将影响更大的世界。同样，在传统上向欧洲学习家族财富的长期发展的西方家族，也将从中国学到很多东西。

附录一：受托人课程设置

简 介

这个有八节课的课程是为未来的家族领袖设计的。课程的总体目标如下：

1. 让未来的家族领袖积极学习，并将学习应用到实践中。
2. 让未来的家族领袖了解信托的基础知识以及相关的信托角色和责任。
3. 继续加强未来家族领袖之间以及与受托人之间的关系。
4. 让未来的家族领袖做好准备，在将来接受信托角色时做出明智的选择。

每次课程将持续 90 分钟，包括教学、自我反思和积极讨论的机会。

课程概述

第一节课：受托责任的思维模式

本节课将让你熟悉受托责任的思维模式。它将定义什么是受托人，以及家族受托人与其他类型的受托人有何不同。然后，它将概述受托责任的思维模式的五个关键原则：不伤害、忠诚、代理管理、洞察力和勇气。学员将有机会讨论他们对可能担任受托人的希望和担忧。

第二节课：信托基础知识

本节课将介绍信托的法律要求，受益人的类型、权利和责任，以及受托人的类型、职责和权力。学员将有机会讨论他们如何定义优秀的受益人和优秀的受托人。

第三节课：风险管理

本节课将介绍信托风险管理的两个关键方面：受托人和受益人之间的有效沟通，以及有效的资产转移规划。学员将有机会讨论他们认为哪种"契约"有助于建立健康的受益人－受托人关系。

第四节课：信托协议和信托原则

本节课将通过"寻宝游戏"让学员了解信托的重要特征。它还将简要回顾委托人对信托的意图和愿望，鼓励学员讨论他们在这些意图中发现的有益的或具有挑战性的内容。

第五节课：分配

本节课将回顾信托分配的基础知识，并教授学员评估分配请求的过程。它将介绍以预防为重点与以促进为重点的思维模式之间的区别，以及将"人文信托场景模型"作为对分配评估流程的改进。学员将有机会讨论这些理念及其在评估家族成员分配请求的复杂性方面的应用。

第六节课：信托与企业

本节课将在家族企业的大背景下对家族信托进行定位，特别是关于信托的投资活动，以及信托治理相对于其他企业治理机构之间的区别。学员将被鼓励讨论他们在当前企业中看到的机会和应对挑战的方式。

第七节课：特殊考虑

本节课将讨论三个特别的问题：(1)在婚姻关系中信托的处理；(2)为有精神或情感特殊需求或成瘾症的受益人进行规划；(3)建立问责流程和强化信托系统的流程。

第八节课：融会贯通

本节课的目标是回顾整体课程的学习内容，并让学员讨论他们希望采取的行动，或向适当的机构提出建议以实践他们的学习。

信托课程大纲

第一节课：受托责任的思维模式(90分钟)

1. 什么是受托人？（10分钟）

(1)不同类型。

(2)受托原则：为了他人的利益行事。

(3)问题：为什么受托人很重要？替代方案是什么……

①委托人意愿的技术应用。

②受益人意愿的技术处理。

(4)公益原则：受益人群体的希望/需求，融合委托人的意愿。

(5)受托人的角色：调解中枢，委托人的愿望和受益人的梦想。

2. 受托责任的思维模式原则(50分钟)

(1)结果、过程、原则、习惯和意图/心态之间的差异。

(2)第一原则：不损害。

①将注意力集中在狭隘的定量目标的危险。

②定义定性目标。

③举例说明，家族资产负债表的五个定性资本：人力资本、架构资本、

家族关系资本、社会资本和传承资本。

(3)忠诚。

①不仅仅忠实于文件、委托人或受益人。

②最终,忠实于保护馈赠的精神。

③举例说明:精神馈赠与财产转移的区别。

(4)代理管理。

①家长式作风的危险,导致受益人被动。

②最终目的是受益人的个性化发展。

③举例说明:"给予阶梯"的底部是更严格的给予,顶部是"伙伴关系"。

(5)洞察力。

①在信托功能中至关重要,尤其是在分配功能中。

②在"核心"场景中练习辨别的能力。

③培养受益人洞察力的重要性。

④举例说明:通过发展的方法识别受益人的需求。

(6)勇气。

①承认自己的局限性并寻求建议。

②即使可能会激怒受益人或委托人,也要坚持立场。

③规划信托系统成功地向新生代过渡。

④举例说明,将信托系统从以委托人为中心转向以受益人为中心。

3. 自我反思和讨论(25分钟)

(1)我对担任受托人有什么顾虑?

(2)我对担任受托人有什么期待?

(3)关于受托责任思维模式的担忧、期望和问题的讨论。

4. 总结性自我反思(5分钟)

(1)受托责任思维模式中最吸引我的是什么?

(2)我可以采取什么行动来进一步培养这种思维模式?

第二节课:信托基础知识(90分钟)

1. 初步练习(5分钟)

(1)我如何描述信托?

2. 构成信托的要素(5分钟)

(1)法律要求(意图、合法目的、财产、受益人)。

(2)练习:列表中缺少了什么?谁不见了?

3. 信托场景(10分钟)

(1)信托场景的定义。

(2)练习:画出并比较你的信托场景。

4. 受益人基础知识(20分钟)

(1)什么是受益人?

(2)谁来指定受益人?

(3)受益人类型(现有的、有附加条件的、余下的)。

(4)受益人权利(列举的和法定的)。

(5)受益人责任(响应、合作、沟通)。

5. 受托人基础知识(20分钟)

(1)什么是受托人?(相对于其他受托人有什么不同?)

(2)谁来指定受托人?

(3)受托人的类型[个人(家族成员与专业人士)和机构]。

(4)受托人必须做的事情是什么(职责)。

①三大原则:忠诚、公正、谨慎。

②其他。

(5)受托人可以做什么(权力)。

6. 自我反思和讨论(30分钟)

(1)我如何定义优秀的受益人?

(2)我如何定义优秀的受托人?

(3)综合结果,得出共同的描述内容。

第三节课：风险管理(90分钟)

1. 初次自我反思(5分钟)

(1)在我们的信托场景中,我认为最大的风险是什么,将如何建议管理该风险?

2. 作为风险管理的有效沟通(30分钟)

(1)练习:从受托人和受益人的角度看世界——比较这些视角。

(2)评估关系。

①积极的受益人－受托人关系的迹象。

②需要关注的关系迹象。

(3)增进关系。

①认知－行为模式。

②"三步走流程"。

(4)管理冲突。

①评估各方。

②评估系统。

③识别改变动机。

④解决途径。

(5)管理诉讼风险。

①诚实评估形势。

②年度流程审计。

③审慎的文件记录程序。

④称职的、及时的法律顾问的重要性。

3. 讨论(20分钟)

(1)我认为何种"契约"有助于健康的受益人－受托人关系?(例如,参与规则、期望、责任……)

4. 作为风险管理的有效资产转移规划(30分钟)

(1)受益人的任命权。

(2)受托人的免职和任命。

(3)选择明智的受托人。

①不同类型受托人(本人、家人、专业人士、机构)的利弊。

②授权和指导。

③信托顾问的角色。

④信托保护人的角色。

5. 总结性自我反思(5分钟)

(1)在本次课程中,我最想得到的是什么?

(2)根据本次课程,我想采取什么行动?

第四节课:信托协议和信托原则(90分钟)

1. 信托协议寻宝游戏(30分钟)

(1)基本问题。

①谁创建了信托?

②它的明确目的是什么?

③何时生效?

④谁是受托人?

⑤谁有资格现在接受分配?

⑥谁有资格在以后接受分配? 什么时候?

(2)关于受托人的问题。

①受托人有哪些具体权力?

②谁是继任受托人?

③受益人可以罢免和变更受托人吗? 如果可以,这一流程的触发条件是什么?

(3)关于信托分配的问题。

①是否有任何自动的或预定的分配?

②用于指导自由分配的目的是什么?

(4)关于信托终止的问题。

①我的信托会终止吗？什么时候？

②信托终止时,信托财产会发生什么？

③是否有人在信托终止时有权决定信托财产归谁？对象和方式是什么？

2. 委托人的意图和愿望:简要回顾(30分钟)

(1)来自意愿书的意图。

(2)委托人意愿的任何其他表达。

3. 讨论(25分钟)

(1)寻宝游戏中有哪些结果让我惊讶？让我困惑？还有什么问题？

(2)委托人的哪些愿望对我的生活最有帮助？

(3)我觉得哪个愿望或意图最具挑战性？

(4)如果我是受托人,将会如何处理我发现在特定情况下很难实现甚至适得其反的意图？

4. 总结性自我反思(5分钟)

(1)在本次课程中,我希望得到什么？

(2)关于信托协议或委托人的意图和愿望,我还想了解什么？

第五节课:分配(90分钟)

1. 分配的基础知识(10分钟)

(1)信托的三个主要功能(管理、投资、分配)。

(2)分配的类型:强制分配和自由裁量分配。

(3)自由裁量分配的类型。

①HEMS(健康、教育、维护和支持)。

②绝对自由裁量。

③练习:定义可能的分配是不是HEMS。

(4)区分信托分配和父母赠予。

2. 评估分配请求(30分钟)

(1)文件记录的重要性。

(2)请求流程的描述。

①书面请求。

②所需的支持文件。

③时间表。

(3)请求分析。

①分配标准。

②受益目的。

③委托人原则。

④受托人职责(忠诚、公正、谨慎)。

⑤其他选择。

⑥其他资源。

⑦其他考虑因素。

(4)思维模式的重要性:预防性思维与促进性思维。

①背景(纳税申报与聚会计划)。

②对请求的响应类型。

③关注优势和问题。

④练习:使用几个实际的分配请求(匿名)来练习识别,并在预防性思维和促进性思维之间转换。

3."人文信托场景模型"在分配中的应用(10分钟)

(1)分配委员会或分配顾问。

(2)"受益人咨询委员会":受益人导师的意见。

(3)"信托捍卫者":借助信托保护人或类似的与信托无关的长者来调解受益人-受托人的分歧。

4. 讨论(30分钟)

(1)在评估我的家族成员的分配请求时,我会遇到哪些挑战?

(2)我该如何应对这些挑战?

5. 总结性自我反思(10分钟)

(1)在信托分配方面,我的学习如何改变我的"叙述"?

(2)基于这一认识,我想采取什么行动?

第六节课:信托与企业(90分钟)

1. 企业的定义(20分钟)

(1)家族企业董事会或家族委员会。

(2)家族信托。

(3)牢牢掌握的商业利益。

(4)慈善机构。

(5)其他?

2. 信托投资(20分钟)

(1)普通注意事项("审慎之人"与现代投资组合理论)。

(2)受托人关于投资的"指导"。

(3)投资者分配。

(4)对少数人持股的私人公司的商业利益的处理。

3. 治理(20分钟)

(1)促进企业内部的沟通。

(2)确定适当的决策级别。

(3)解决企业实体之间的冲突。

4. 讨论(25分钟)

(1)我认为在我们的家族企业中管理好信托会面临哪些挑战?

(2)我该如何应对这些挑战?

5. 总结性自我反思(5分钟)

(1)我想采取什么措施,来理解和促进家族企业的发展?

第七节课:特殊考虑

1. 初次自我反思(5分钟)

(1)我收到的真正对生活产生积极影响的馈赠是什么?

2. 信托和婚姻(25分钟)

(1)婚前协议和信托。

①法律程序和考虑因素。

②婚前协议是一种家族规范。

③关于婚前协议的沟通。

④练习:在与你的父母和你未来的配偶谈论婚前协议时,哪些方法有效,哪些无效?

(2)根据委托人的意图和愿望对待配偶。

(3)使用"三步法"与你的配偶谈论你的信托。

3. 信托和特殊需求(25分钟)

(1)为有精神障碍的受益人制订计划。

(2)为有情感障碍的受益人制订计划。

(3)为有成瘾症的受益人制订计划。

4. 问责制和改进(30分钟)

(1)受托人和受益人的问责制。

①评价标准?

②评价手段?

③实施者?

④实施对象?

⑤频次?

⑥结果?

(2)增强信托场景:"信托捍卫者"/保护者……

①定期召开评审会议。

②通过预测和学习促进创新。

5. 总结性自我反思(5分钟)

(1)在这次课程中,我最想学到什么?

(2)根据我的学习,想要采取什么行动?

第八节课:融会贯通(90分钟)

1. 初次自我反思(5分钟)

(1)在之前的课程中,我印象最深的是什么?

(2)我觉得课程缺少了什么?

2. 回顾之前的课程(20分钟)

3. 讨论可能的行动项目(60分钟)

(1)这个小组的成员有什么具体的提议或建议?

(2)谁有权决定具体的提议或建议?例如个人、受托人、兄弟委员会、整个家族?

4. 总结性自我反思(5分钟)

(1)在这个学习过程中,我最感激的是什么?

(2)我最希望从事的行动项目是什么?

附录二：挑战时期家族的关键实践

新冠疫情，以及它对社会、市场、家族和个人的影响，让我们所有人都经历了一场不同情绪和相互矛盾信息的风暴。在本附录中，我们汇总了一些关键的做法，可以帮助你和家人度过类似的艰难时期。虽然这些做法比较适用于富有家族，但其中许多做法也适用于任何家族，无论财富多少。我们关注的是家族的实践，但是因为健康的家族是由健康的个体组成的，所以我们最后会分享几个关键的个人实践在应对这个充满挑战的时代时的做法。

家族的关键做法

关键实践1：意识到情绪"热点"

我们都有"情绪热点"，而这些热点在压力下会更敏感。为了管理在激发情绪热点时而加剧的家庭成员之间的互动，你可以做几件事：

● 如果你觉得情绪越来越激动，给自己一个"暂停"的时间。一个简单的方法是在回答别人问题之前先数到10。

● 在暂停期间，试着认清你在交流中扮演的角色。情感互动从来都不是单方面的。

● 觉察到自己的感受。是挫折感？恐惧？悲伤？担心？愤怒？

- 假设与你交谈的人对你有好的意图,这种假设会减少交谈中的"火药味"。

- 培养自己对他人的善意。在大多数人感到恐惧和悲伤的时候,善良和同情可能是我们最重要的财富。

关键实践 2：识别不同的沟通风格

我们都有自己喜欢的与他人交流的方式,压力会使这些方式变得更加僵硬。认识到自己和他人的沟通风格可以帮助我们更有效地开展沟通,尤其是在困难时期。下表总结了四种主要的沟通方式：

风格	特征	压力之下的可能表现
驱动者	以行动为导向,专注于决策	可能变得更有控制欲和不耐烦
分析者	逻辑和流程导向	可能会退缩,变得更加犹豫和厌恶风险
表达者	精力充沛,富有创造力,善于沟通	可能变得过度情绪化和言语攻击性
亲善者	稳重、随和、有团队精神	可能会变得顺从和渴望取悦

关键实践 3：亲密和独立的平衡

在正常时期,金融财富往往会对家族产生"向心力"作用,也就是说,它往往会让家族更亲密。家族成员可以共享度假屋、旅行、交通工具和假期,以及投资账户或信托。因此,富有的家族应该定期讨论他们所需要的亲密与独立的平衡。一些家族成员可能希望更多的亲密,而其他人则希望更多的独立。重要的是彼此倾听,相互理解,并做出适当的调整。

在挑战时期,由于封控隔离或旅行限制,许多人可能会与家族人相处的时间比平时更多,我们也建议仔细讨论以下几点：

- 如果你们住在一起,什么样的"基本规则"会让情况变得更愉快(例如,关于噪声、车辆使用、访客以及如何以相互尊重的方式交流和行事的规则)？

- 如何使用和维护公共空间(如厨房、客厅、游戏室)？

- 远程工作的家族成员如何保持安静、不受干扰的工作环境？
- 在什么时间或什么条件下，彼此的房间或住宅"开放供参观"？
- 家族成员可以用什么信号向对方表明他们需要一些空间，无论是生理上的还是心理上的？

关键练习4：谈论严肃的事情

具备同理心的交流对于谈论严肃的事情至关重要。有可能这些事情在危机之前会让人觉得不重要或难以讨论，但现在有所不同，例如获得食物、必需的药物、安全的医疗环境以及个人安全等问题。作为负责任的规划的一部分，许多家族都在重新审视他们的应急计划。如果某个家族成员生病了，他或她会去哪里？谁是家族成员的医疗代理人？如果父母生病或需要自我隔离，谁来照看孩子？

关键实践5：对于治理的审视

治理意味着决定如何做决策。有些家族没有管理自己的固定机制，有些家族则拥有高度发达的治理结构，如董事会或家族委员会。现在想想治理会觉得不重要，但是所有这些活动——从应急准备到共同生活的基本规则，再到组织一次电话会议这样简单的事情，都涉及治理，因为这些事情都涉及决策。

花点时间问一问自己："在当前的危机中，我的家族面临哪些具体的决定？我们如何才能最好地做出这些决定？"

危机时期让许多家族都认真审视自己的治理。一些人意识到，是时候推进将决策权从家族长辈移交给年轻一代的长期计划了，或许可以让部分成员组成一个执行团队。其他家族认识到让非家族专家（如受托人或其他顾问）参与他们的商讨和决策的真正价值。许多家族已经认识到，有效的决策需要更多的定期沟通。

家族治理可以也应该适应环境的变化，关键是你的家人觉得能够开诚布公、深思熟虑地讨论和做出这些改变。

关键做法 6：充分利用你的顾问/家族办公室

危机最难的一个方面可能是封控隔离，再加上永不停息且常常令人担心的新闻播送。在这种时候，我们建议家族成员多与顾问或家族办公室的工作人员交流，而不是减少交流。这是一个提醒自己财务或法律计划的机会：审查这些计划的执行情况，并重申或重新评估你的决定。这也可以是这样一个机会：从你的顾问那里了解其他家族如何应对这些具有挑战性的时期，或者通过家族办公室分享家族中不同家庭的表现。如果你有问题要咨询顾问，就直接去问他们。寻求更频繁、更短暂的互动来保持联系。

个人关键实践

正如我们在本附录开头提到的，健康的家族是由健康的个体组成的。让我们花点时间来回顾一下个人应对挑战时期的关键实践。你可能想利用这个机会暂停一下，思考一下你现在正在使用这些实践中的哪些，以及你希望将哪些实践融入你的日常生活中。

关键实践 7：照顾好自己的身体

营养

营养对身体健康至关重要。压力会导致我们吃得过多、过少或不健康。倾听你的身体，观察你的选择。

锻炼

除了能促进健康，锻炼还能净化心灵、振奋精神。锻炼经常被描述为天然的抗焦虑和抗抑郁药物。如果你不能去常见的健身房或游泳池之类的地方，锻炼会是一个挑战。然而，出去走走、散步、跑步或骑自行车也是很重要的。

放松

放松可能包括关掉新闻,不去看电子邮件或短信,不要关注金融市场的变化。也许可以每天留出时间,让你能了解最新的消息或必要的交流。而其他时间,你可以尝试一些练习,比如冥想、瑜伽或者简单放松的阅读。

关键实践 8:培养高质量的社会关系

高质量的人际关系有助于我们将注意力放在自己能做的事情上,帮助我们解决问题,并不断肯定我们自己。研究表明,高质量的人际关系对于帮助人们度过困难时期至关重要。你想培养哪些高质量的社会关系呢?

关键实践 9:思维训练——让思维为你服务

在危机时期,我们需要培养成为自己的心理医生的能力,并诊断自己的情绪状态。问问自己:我是否难以做出决定和集中注意力?我是否感到焦虑、害怕、沮丧或绝望?我的睡眠被打乱了吗?注意到这些事情是测量我们自己精神"温度"的开始。

在评估了自己的感受后,停下来注意一下,你对自己说了些什么。试着透过情绪去观察你内心反复的陈述。一旦听到你对自己说的话,就问自己一个简单的问题:"我对自己说的话有用吗?"

这个反思的过程可以帮助你回忆起过去的经历,带来当下的希望。回想一下你过去是如何度过困难时期的。无论过去危机的性质是什么(医疗、家族、金融等),问问自己:"是什么技能、知识和选择让我找到了出路?"

结 论

在本附录中,我们分享了 9 个关键实践,以帮助家族和个人应对挑战:

1. 意识到"情绪热点"。
2. 识别不同的沟通风格。
3. 平衡亲密和独立。
4. 谈论严肃的事情。
5. 对于治理的审视。
6. 充分利用你的顾问/家族办公室。
7. 关心你自己的身体。
8. 培养高质量的社会关系。
9. 思维训练——让思维为你服务。

我们将以另一个实践结尾。

关键实践 10：表达感激之情

无论是在家族会议(线下或线上)还是在家族晚宴，在聚会结束时，鼓励每个参与者分享他或她感激的事情。当我们都感到处于风险之中、很多东西被夺走的时候，通过表达感激之情，来提醒你自己仍然拥有什么和什么是最重要的事情。